SCM
Stiftung Christliche Medien

Der SCM-Verlag ist eine Gesellschaft der Stiftung Christliche Medien, einer gemeinnützigen Stiftung, die sich für die Förderung und Verbreitung christlicher Bücher, Zeitschriften, Filme und Musik einsetzt.

© 2015 SCM-Verlag GmbH & Co. KG, 58452 Witten
Internet: www.scmedien.de; E-Mail: info@scm-verlag.de

Soweit nicht anders angegeben, sind die Bibelverse folgender Ausgabe entnommen:
Neues Leben. Die Bibel, © der deutschen Ausgabe 2002 und 2006 SCM-Verlag GmbH & Co. KG, Witten.

Weiter wurden verwendet:
Einheitsübersetzung der Heiligen Schrift, © 1980 Katholische Bibelanstalt, Stuttgart.
Gute Nachricht Bibel, revidierte Fassung, durchgesehene Ausgabe in neuer Rechtschreibung, © 2000 Deutsche Bibelgesellschaft, Stuttgart.
Das Buch. Neues Testament – übersetzt von Roland Werner. © 2009 SCM-Verlag GmbH & Co. KG, Witten.

Gesamtgestaltung: Christina Custodis, BV-Grafik
Titelbild: Jill Chen/iStock/Thinkstock
Druck und Bindung: Finidr, s.r.o.
Gedruckt in Tschechien
ISBN 978-3-7893-9775-2
Bestell-Nr. 629.775

Veronika Smoor

Willkommen an meinem Tisch –

Eine Liebeserklärung an gutes Essen,
Gastfreundschaft und gemeinsame Mahlzeiten

SCM

Inhalt

Vorwort

2000 Hühner, 5 Kinder, ein großer Bauerngarten und Getreidefelder – das war der geschäftige Gutshof, auf dem ich aufwuchs. Ich muss nicht groß erwähnen, dass meine Eltern gut ausgelastet waren. Hätte ich damals meinen Eltern etwas über Work-Life-Balance gepredigt, hätten sie mir direkt ins Gesicht gelacht. Wenn man müde war, ging man schlafen. Wenn man hungrig war, aß man. Wenn viel zu tun war, gab es immer eine helfende Hand. Wir lebten im Rhythmus der Jahreszeiten und der Arbeit. Neben der vielfältigen Arbeit, die im Sommer oft erst um zehn oder elf Uhr nachts endete, hatten meine Eltern ein offenes Haus. Ich kannte es nicht anders, als dass sich oft Gäste zu unseren Mahlzeiten gesellten. Meistens spontan. Oder dass manchmal auf unserer Terrasse ein Landstreicher bei Brot, Bier und Spiegeleiern saß. Unseren runden Holztisch im Esszimmer konnte man auf die zweifache Länge ausziehen, sodass Familie und Freunde genug Platz hatten. Meine Mutter fand neben ihren vielen Aufgaben Zeit, sich in die Küche zu stellen und uns mit allem zu füttern, was wir gerne mochten: Apfelstrudel mit Schlagsahne, Entenbraten mit Kartoffelklößen, selbstgebackenes Bauernbrot, Gemüse-Pfannen, eingelegten Gurken und Streuselkuchen.

Jede Mahlzeit glich einem kleinen Fest (außer es gab Schlachtbrühe und Rote Beete– dann brach in unserem Haus eine Revolution aus).

Der Tisch wurde jedes Mal sorgfältig gedeckt. Wehe, ich legte die Messer auf die falsche Seite und vergaß die Servietten! Unsere gemeinsamen Mahlzeiten empfand ich als Kind nie als etwas Nebensächliches, etwas, dass man eilig im Vorübergehen abhakte. Der Tisch, das war mein Ankerplatz nach der Schule. Mein Sehnsuchtsort nach dem Hausaufgaben-Erledigen. Dort konnte ich Kummer, Stress und Fragen zurücklassen. Mit den Jahren wuchs in mir eine leise Ahnung, dass Essen etwas Heiliges sein kann. Dass Tischgemeinschaft ein Vorgeschmack auf etwas Größeres, Gewaltiges ist.

Mein Vater auf dem Feld unterbrach seine Arbeit. Wir Kinder ließen unser Spiel liegen. Meine Mutter kehrte ihren ellenlangen Anforderungen den Rücken. Plötzlich waren wir alle da, am Tisch, mitten im lauten, geschäftigen Alltag. Und wir brachten unsere kleinen Geschichten mit. Ich kann mich erinnern, dass unsere Mahlzeiten lebhaft waren. Es wurde gelacht und getadelt, über Politik diskutiert und über die 68er geschimpft, es wurde geärgert und ermutigt. Wir lebten im Rhythmus des Alltags. Hinaus in die Welt, zurück an den Tisch, hinaus in die Welt, zurück an den Tisch.

Ich glaube heute, dass von der Vorbereitung des Essens bis hin zum Vertilgen des letzten Krümels Heiliges passieren kann: Genuss, Dankbarkeit, Gemeinschaft, Fürsorge. Für mich persönlich gibt es kaum eine größere Liebessprache als für Freunde und Familie zu kochen und zu backen. Und sie alle an meinem Tisch zu versammeln. Raus aus unserem hektischen, übervollen Tag hin zu dem, was Jesus uns schon vorgelebt hat. Als er mit seinen Jüngern beim letzten Mahl zusammensaß, sagte er ihnen: „Ich habe mich sehr danach gesehnt, dieses (Abend)Mahl mit euch zu feiern, ehe ich leiden muss." Und dann reichte er ihnen Brot und Wein. Zum letzten Mal. Sie aßen und tranken, nicht nur, weil sie körperlichen Hunger verspürten, sondern weil sie ein tiefer geistiger Hunger trieb. Und ich glaube, diesen Hunger verspüren wir heute sehr heftig. Den Hunger nach Gesehenwerden und Ankommen, nach Heimat, Ruhe und Stärkung.

Eine Freundin, die vor einiger Zeit in eine neue Stadt gezogen ist und fast zeitgleich ihre Mutter verlor, schrieb mir Folgendes: „Ich bin in W. In meiner Heimat. Doch was fehlt ist ein Zuhause. Ein Postbote, der mich grüßt und meinen Namen kennt. Nummern, die man spontan anrufen kann, um etwas auszumachen. Türen an denen man klingeln kann, um einen Rotwein zu trinken und übers Leben zu philosophieren. Ein Haus voller Nachbarn, wo man Feste feiert, bei denen man sich Zucker holt. Mir fehlen das große Hallo und der kleinste gemeinsame Nenner. Mir fehlt die Gewissheit, aufgehoben und zugehörig zu sein. Mir fehlen das Lieblingscafé und der Stammtisch."

Meine Freundin hat ihren Ankerplatz verloren und braucht ihn doch so dringend.

Unser moderner Lebensstil entfremdet uns oft mehr, als dass er uns verbindet. Er erschöpft uns mehr, als dass er anderen und uns selbst dient. Er löst uns aus Gemeinschaft heraus und hebt Individualismus auf einen Thron.

Ich lechze aber nach einer Welt, die still wird und sich gegenseitig zuwendet.

Ich lechze aber nach einer Welt, die still wird und sich gegenseitig zuwendet. Die nicht mehr ihre Facebook-Seite anstarrt, sondern dem anderen ins Gesicht sieht. Die ihr nach Aufmerksamkeit heischendes Smartphone ausschaltet und sich dem Leben zuwendet, das sich vor ihren Augen abspielt.

Und genau deswegen bin ich überzeugt, dass unser Esstisch ein heilender Ankerplatz in der Losgelöstheit unserer Zeit sein kann. Hier sehe ich dem anderen ins Gesicht, anstatt auf einen Bildschirm zu starren. Hier stelle ich Fragen, anstatt Pseudo-Weisheiten auf Facebook zu posten. Hier darf ich aus der Hektik aussteigen und genießen. Hier darf ich das laute und chaotische Leben beobachten, das sich vor meinen Augen entfaltet. Hier werde ich gesehen.

Obwohl ich an Gott glaube, lebe ich oft so, als bräuchte ich ihn nicht wirklich. Denn ich bin die multitaskende Meisterin meines Alltags, die Schmiedin meines eigenen Glücks. Je mehr ich mich aber von den Menschen und von Gott entfremde, desto größer wird mein Magenknurren. Meine Sehnsucht nach einem sicheren Ort. Manchmal ist dieser

Sehnsuchtsort der Esstisch meiner Kindheit. Wenn ich ihn genau betrachte, so war er ein Himmel in Kleinformat. Er wies schon damals auf einen größeren Ort hin.

Die Bibel verspricht uns einen sicheren Ort. Sie erzählt von einer neuen Welt, in der wir an Gottes Tisch eingeladen werden zu einem Festmahl. Dann, wenn alles Alte vergangen ist. Wenn alle Tränen abgewischt sind, alles Leid, alle Mühe zu Ende sind. Ich bin bewegt von dieser Aussicht. Dass Gott selbst den Kochlöffel schwingt, den Tisch liebevoll deckt, Kerzen anzündet, für Musik sorgt und dass wir willkommen sind. Am Tisch, an seinem Tisch, werden alle Sehnsüchte gestillt und erfüllt.

An unseren Tischen daheim dürfen wir schon mal üben: Jedes Mal, wenn sich Freunde und Familie zu uns setzen, wenn wir genießen, wenn unsere Körper und Seelen gestärkt werden, wenn wir lachen, trinken und feiern. Lasst unsere Küchen und Esstische zu einem Himmelshinweis in Kleinformat werden. Auch wenn es dort manchmal etwas unhimmlisch zugeht und zugehen darf. Wir üben ja noch.

Oft höre ich: „Ich bin nicht so eine gute Köchin." Das musst du auch nicht sein. Wenn im Winter die Schneeflocken fallen und du den Schlitten rausholst, sagst du dann: „Eigentlich bin ich ja nicht so eine gute Schlittenfahrerin"? Du setzt dich ohne Nachdenken auf den Schlitten, saust den Berg hinunter und lachst vor Freude über die Fahrt. Manchmal plumpst du in den Schnee und lachst dann noch mehr.

Genauso darf es in der Küche und am Tisch sein. Geh voll Freude und Naivität an die Rezepte ran. Koche und backe sie beim ersten Mal ganz genau nach Anleitung. Wenn du Sicherheit gewonnen hast, dann kannst du in der Küche freestylen: Ändere Rezepte ab, spiele mit Zutaten und Gewürzen. Und wenn etwas völlig schiefgeht, dann lach über dich selbst.

Geh voll Freude und Naivität an die Rezepte ran.

Kurz vor Fertigstellung dieses Buchs überprüfte ich alle Rezepte auf Hieb- und Stichfestigkeit. Darunter auch ein Cocktail-Rezept. Die Kerzen brannten auf dem Tisch, eine Freundin wartete voll Vorfreude auf den angekündigten Genuss. Als ich den Cocktail vor ihr abstellte, schaute sie entgeistert auf die geronnene Flüssigkeit im Glas, die eine gewisse Ähnlichkeit mit Erbrochenem aufwies. Sie nahm einen höflichen Schluck und dann brachen wir in schallendes Gelächter aus. „Ich bin die mieseste Cocktail-Mixerin aller Zeiten!", rief ich und machte uns ein Bier auf.

Ich möchte dich einladen, deinen ganz eigenen Ankerplatz am Tisch zu gestalten. Entdecke das unperfekte Leben rund um den Tisch, wage in der Küche Neues, öffne Menschen die Tür. Sei du.

Du öffnest
deine Hand
und machst
satt
mit
Freude
alles, was lebt.
Psalm 145,16 (das buch)

Satt

Die ersten Sonnenstrahlen tauchen das Esszimmer in freundliches Morgenlicht. Noch schlaftrunken und in zerknittertem Pyjama fege ich Krümel vom Esstisch und räume leere Weingläser in die Küche. Obwohl ich weniger als sonst geschlafen habe, lächle ich verträumt vor mich hin. Die friedliche Stille (die Kinder schlafen noch!) hängt wie ein duftiger Vorhang in der Luft. Wenn ich genau hinhorche, kann ich den Nachhall des Lachens und der lauten Stimmen hören, die vor wenigen Stunden das Esszimmer füllten. Draußen jubelt ein Sommermorgen und in mir jubelt es mit.

Dann öffne ich den Laptop und finde eine Nachricht, die mit folgenden Worten beginnt: „Das Essen mit euch war so schön!!! Bin nach Hause gefahren und war SATT! Und erfüllt von dem Abend."

Eigentlich hatte ich eine große Dinnerparty geplant mit allem Drum und Dran. Lampions in unserer Weide, Lagerfeuer, eine Menge Freunde, Cocktails, feiern bis tief in die Nacht. Manchmal überfällt mich ein tiefes Bedürfnis, Freunde um meinen Tisch zu scharen und einen Abend zu verbringen, an dem wir das Essen und die Gemeinschaft genießen, an dem wir den Pausenknopf in unserem Alltag finden und uns ganz dem Leben zuwenden.

> Manchmal überfällt mich ein tiefes Bedürfnis, Freunde um meinen Tisch zu scharen und einen Abend zu verbringen, an dem wir das Essen und die Gemeinschaft genießen, an dem wir den Pausenknopf in unserem Alltag finden und uns ganz dem Leben zuwenden.

Meine Begeisterung klang jedoch in der Woche vor der Party mehr und mehr ab, als immer mehr Leute absagten. Am Ende blieben nur noch zwei Freundinnen übrig. Am Party-Samstag regnete es in Strömen. Der Sinkflug meiner Laune war kaum noch aufzuhalten und ich überlegte, die Feier ganz abzublasen. Aber dann dachte ich an Christina und Chrissi, die an diesem Abend kommen wollten. Zwei Freundinnen, denen ich kein perfektes Dinner vorsetzen musste und vor denen ich mich nicht für unsere abgewetzten Tapeten und altmodischen Küchenfliesen schämte. Vielleicht würde es ja kein rauschendes Fest werden, aber dafür ein entspannter Abend.

Ich machte mich mit steigender Laune an die Vorbereitungen, die ich möglichst unaufwendig halten wollte, ganz nach dem Motto: Erst zählt der Mensch, dann das Essen, dann die Deko. Ich mixte Kichererbsen und Tahina zu einem sämigen Hummus. Noch einen Hauch Knoblauch und Kreuzkümmel dazu. Anschließend karamellisierte ich Walnüsse in Ahornsirup und streute sie über einen schlichten grünen Salat mit Erdbeeren und Fetakäse. Vor der Haustür wächst ein Lavendel-Dschungel, aus dem ich mich großzügig bediente und einen Strauß im Marmeladenglas auf den Tisch stellte. Meine einfachen, weißen Stoff-Servietten liegen immer gebügelt und mit Ring versehen im Schubfach und das Silber liegt poliert im Kasten, sodass ich mit wenigen Handgriffen einen Alltags-Kinder-Chaos-Tisch in eine einladende Tafel verwandeln konnte.

Abends strömten keine Gäste herein, es war nicht jede Ecke in der Küche mit Sekt trinkenden Freundinnen besetzt. Christina war da. Trotz eines drohenden Migräneanfalls. Chrissi war da, sie sah müde aus nach einer emotional und beruflich auslaugenden Woche. Ich war da, mit meiner Furcht, übersehen zu werden. Wir waren hungrig. Nicht nur nach greifbarem Essen, sondern danach, gesehen zu werden, zur Ruhe zu kommen, heil zu werden.

Der Tisch, vor dem wir standen, war ein Augenschmaus. Wir brauchten nur zuzugreifen, eintauchen in die Fülle und in die Geschichten und in das Lachen und in die Zuneigung, die uns an diesem Tisch verbanden.

Gestern Abend wollte ich essen, bis ich satt bin. Nicht aus Langeweile, nicht weil ich irgendein emotionales Loch in mir stopfen

wollte, sondern einfach, weil ich hungrig war. Wir gaben Schüsseln und Platten hin und her, schenkten Wein und Wasser ein. Reichten Brot und Salat.

Wir nahmen ein Abendessen und so viel mehr zu uns. Die Stimme meiner Urangst, die mir einredete, ich könne nicht genügen, verstummte in den Gesprächen. Wir redeten über Bücher, über unsere Kämpfe, über Erfolge, über das Leben. Wir erzählten Geschichten und Peinlichkeiten und diskutierten über christliche Gemeinden. Wir hörten zu und fielen uns ins Wort und gestanden uns schließlich gegenseitig ein, wie gern wir uns haben und was für ein Geschenk es ist, dass wir uns über den Weg gelaufen sind.

Das warme Kerzenlicht erhellte die Gesichter meiner zwei Freundinnen, ein besonderer Schein umhüllte sie. Als wäre der ganze Abend in ein Licht getaucht, das nicht ganz von dieser Welt ist. Ein Guckloch in die Ewigkeit. Eine himmlische Zäsur im Alltag.

Wir wurden an diesem Abend satt. In jeder Hinsicht. Mein emotionales Loch, das immer mit Ablenkung und Junkfood und Cocktails und Arbeit gestopft werden möchte, gab Ruhe. Meine Seele wurde endlich still und schrie gestern nicht nach mehr, mehr, mehr! Sie ruhte in der Gewissheit, geliebt und gesehen zu sein.

Nach einem leisen Morgen ist die Zäsur nun endgültig verstrichen, das Alltagskonzert legt in voller Lautstärke los und der Hunger in mir wird wieder wach. Aber das Wissen um Stationen in meinem Leben, an denen ich immer wieder genährt werde, schenkt mir Kraft, über Stolpersteine und Mangel in meinem Leben hinwegzuschreiten.

Meine nächste Dinnerparty? Die feiere ich sicherlich. Um andere satt zu machen. Um Gott am Tisch zu begegnen. Um selbst satt zu werden.

Sommergarten-Salat

(für 4 Personen)

Wenn ich im Sommer in den Garten oder auf den Markt gehe, dann landen immer Salat, Zitronenmelisse und Erdbeeren in meinem Korb. Daraus kann man diese herrliche Kombination zaubern, die nie enttäuscht!

Zutaten

Salat:
- 1 kleiner Salat deiner Wahl
  (Kopfsalat, ein Bund Spinat, Frisée, Rucola ...)
- 1 Tasse Walnüsse
- ½ EL Ahornsirup
- 1 Prise Salz
- 15 frische Erdbeeren, geviertelt
- 120 g Ziegenkäse oder Feta

Dressing:
- 3 EL Olivenöl
- 2 EL Balsamico-Essig
- 1 EL Ahornsirup oder Agavendicksaft
- 1 EL gehackte Zitronenmelisse
- 1 EL Senf
- Salz
- Pfeffer

Die Zutaten für das Dressing in ein leeres Marmeladenglas mit Deckel geben, kräftig schütteln.

Jetzt die Walnüsse glasieren: Gib die Nüsse in eine Pfanne und röste sie bei mittlerer bis hoher Hitze rund 5 Minuten lang. Achte darauf, dass sie nicht anbrennen. Mit einer Prise Salz bestreuen. Wenn die Nüsse ihr Röstaroma verströmen, den Ahornsirup dazugeben. Die Hitze sofort reduzieren und dabei stetig eine weitere Minute rühren. Vom Herd nehmen und abkühlen lassen. Sie können sich anfangs noch klebrig anfühlen, aber keine Sorge: Sie trocknen noch.

Den Salat waschen, abtropfen lassen und die Blätter in mundgerechte Happen zerteilen. In eine Schüssel geben. Darauf dann die Erdbeeren, den Käse und die Nüsse verteilen. Das Dressing darübergeben.

Lieber einen Teller Suppe mit einem *geliebten Menschen* als ein schönes Stück Fleisch mit einem Menschen, den du hasst.

Sprüche 15,17

Trockene Bohnen

Ich habe fast alle ehemaligen Schulfreunde aus den Augen verloren (Facebook zählt nicht!). Nur eine, die habe ich behalten. An ihrem Leben nehme ich immer noch teil. Und sie an meinem. Ein paar Mal wäre unser Kontakt fast eingeschlafen, weil wir während einiger Phasen ganz unterschiedlichen Lebensentwürfen folgten. Sie studierte und heiratete jung. Ich probierte mich in diversen Jobs, Ausbildungen und Beziehungen aus. Sie wurde jung Mutter, ich lebte meine Freiheit.

Heute hat sich unser Leben angeglichen. Wir sind beide Mütter, Ehefrauen und können uns wunderbar über neue Rezepte, Bücher, Weltpolitik und Handarbeiten austauschen. Sie ist die Patentante unserer Tochter, und wenn wir es schaffen, fahren wir gemeinsam in den Urlaub.

Ich glaube, solche langjährigen, treuen Freunde sind rar gesät und wir sollten sie gut pflegen, wenn wir sie haben. Als Jugendliche sind wir uns sicher, dass wir immer mit unseren Freunden zusammen sein werden – durch dick und dünn. BFF: Best Friends Forever! In guten wie in schlechten Zeiten. Nur, dass viele Freundschaften schlechten Zeiten nicht standhalten und unsere Illusionen zerbröckeln lassen. Annette ist geblieben, auch wenn ich nicht immer viel in die Freundschaft investiert habe.

Wenn wir uns heute treffen, ähneln wir zwei Omis, die auf einer Parkbank sitzen und über die guten alten Zeiten sinnieren. Kürzlich gaben wir wiederholt Geschichten aus unserer Jugend zum Besten. Unsere Männer gingen schnell ein Bier trinken, Annettes Teenager-Tochter verdrehte die Augen, meine kleinen Kinder hingen an unseren Lippen.

„Weißt du noch?", so beginnen unsere Geschichten. „Weißt du noch, als ich jeden Donnerstagmittag zu euch zum Essen kam?" Donnerstags hatten wir Nachmittagsunterricht. Chor. Eigentlich sang ich nicht gerne im Chor. Aber an unserem Provinz-Gymnasium gab es wenig spannende Alternativen. Handball – ich hatte es einmal versucht und den Ball mitten ins Gesicht bekommen. Physik – ein Rätsel, das ich nie lösen konnte und wollte. Schach – ich mochte mich nicht zum totalen Außenseiter degradieren. Also blieb nur der Chor bei unserem jähzornigen Musiklehrer.

Annette wohnte zwei Gehminuten von der Schule entfernt im Pfarrhaus. Mit ihrem blonden Pagenschnitt und ihrer Vorliebe für klassische Musik war sie nach außen hin die geborene Pfarrerstochter. Ich hätte es nie gewagt, mich mit ihr anzufreunden, aber ihr Wesen strahlte eine Wärme und Fürsorglichkeit aus, der ich mich nicht entziehen konnte. Und außerdem war sie gar nicht so brav und engelsgleich, wie es schien.

Jeden Donnerstag ging ich also in der Mittagspause zu ihr nach Hause. Wir stiegen die steile Außentreppe nach oben, öffneten die schwere Haustür und schmissen unsere Schultaschen in Richtung Garderobe. Annettes Mutter kam uns entgegen, eine große, dunkelhaarige Frau mit einem herzlichen Lächeln. Sie wirkte immer etwas abgelenkt und schien sich nie ganz wohl in der Rolle der Hausfrau zu fühlen. Das merkte ich spätestens, wenn das Essen auf den Tisch kam.

Meistens waren es trockene Bohnen. Und trockenes Fleisch. Da ich zu der Zeit Vegetarier war, blieben mir nur trockene Bohnen in einer kläglichen, nichtssagenden Soße. Jeden einzelnen Donnerstagmittag. Ich freute mich jedes Mal darauf.

Ich freute mich jedes Mal auf das herzliche Willkommen von Annettes Mutter, auf den Geruch nach altem, ehrwürdigen Pfarrhaus, auf Annettes drei Geschwister, auf die chaotisch-bunte Tischgemeinschaft, auf ihren kauzigen Vater, auf das Gefühl, dass ich mich hier nie verstellen musste und auf das intuitive Wissen, dass ich hier gemocht wurde. Da nahm ich die mangelnde Kochkunst von Annettes Mutter mehr als gerne in Kauf. Ja, ich merkte noch nicht mal, dass es mir eigentlich nicht schmeckte. Das gestand ich mir erst Jahre später ein.

Manchmal klingelte es während des Essens an der Haustür. Annettes Mutter stand auf, pflichtbewusst. Oft kam sie erst nach dem Ende der Mahlzeit wieder und berichtete uns von einem Obdachlosen an der Tür. Sie verpasste ihr eigenes Essen, um jemand anderen mit ein wenig Geld und einer Portion freundlicher Worte satt zu machen.

Jede Mahlzeit bei Annette fügte unserer Freundschaft ein neues kleines Mosaiksteinchen hinzu und festigte das Band zwischen uns. Unser Mosaik ist mittlerweile riesig, bunt, durchzogen von kleineren Rissen, hier und da gekittet und mit einigen Lücken, die vielleicht irgendwann noch geschlossen werden. Unsere Freundschaft ist so unperfekt wie die Kochkunst ihrer Mutter, aber mindestens

Wenn wir uns heute treffen, ähneln wir zwei Omis, die auf einer Parkbank sitzen und über die guten alten Zeiten sinnieren.

genauso voller Herz wie die Teller trockener Bohnen, die wir jeden Donnerstag zu Mittag bekamen.

Annettes Mutter führte mir, ohne dass sie irgendetwas davon ahnte, vor Augen, wie sehr ich mich manchmal bemühe, mit meinen Mahlzeiten zu gefallen. Dabei geht es mir nicht um die Menschen, die am Tisch sitzen, sondern um mich, mich, mich. Ich will gelobt und gemocht und bewundert werden. Mein Essen soll das tollste sein, das meine Gäste je gegessen haben. Ich sonne und suhle mich im Lob und denke mir: „Jep, ich hab es einfach drauf! ICH HAB ES EINFACH ECHT DRAUF!"

Wir pflegen eine Kultur, in der wir uns stark auf die Darbietung unseres Essens, unseres Heims, unserer Kochkünste konzentrieren und dann kaum mehr Energie für die Menschen an unserem Tisch aufbringen. Mit Sicherheit hat Annettes Mutter mehr von Jesu Wahrheit verinnerlicht als ich. Denn sie sieht die Menschen, ihre Nöte, sie ermutigt, hört zu. Und zwischendrin reicht sie den Bohnentopf herum, schenkt ein und wenn es nötig ist, kümmert sie sich um den Obdachlosen an der Haustür.

Sie hat den Kern der Gastfreundschaft, der Tischgemeinschaft und der selbstlosen, schlichten Hingabe verstanden. Ich möchte auch dahin kommen. Ich wünsche mir, dass Menschen nicht mit einem Gefühl der Unzulänglichkeit von meinem Tisch aufstehen (weil ich alles so toll gemacht habe!), sondern mit der Gewissheit, an meinem Tisch immer willkommen zu sein, gehört und ermutigt zu werden. ●

Bohnensalat mit getrockneten Tomaten und Feta

Bohnen haben keinen besonders guten oder hippen Ruf. Zu Unrecht! Mit ein paar einfachen Zutaten kann man ihr ganzes Potenzial herauskitzeln. In letzter Zeit habe ich viel mit Bohnen experimentiert. Sie sind vielseitig, supergesund und – richtig zubereitet – unsagbar lecker. Für diesen Salat lohnt es sich, die Tomaten selbst zu trocknen. Einfach ein Schälchen Cherry-Tomaten halbieren, in Olivenöl, Salz und einen Hauch Zucker wenden und auf einem Backblech bei ca. 120 Grad mehrere Stunden trocknen. Das süße Aroma der Tomaten, zusammen mit den cremigen Bohnen und dem salzigen Feta, ist überwältigend!

Zutaten für 4-6 Personen

- 625 g schwarze Bohnen, gekocht
- 125 g getrocknete Tomaten
- 100 g Kürbiskerne
- ½ TL Salz
- Schale einer Bio-Zitrone, gerieben
- 1 EL Zitronensaft
- Olivenöl
- Ahornsirup
- 45 g Fetakäse

Die Bohnen nach Packungsanweisung einweichen und kochen. Kürbiskerne in einer Pfanne rösten. In einer großen Schüssel abgekühlte Bohnen, Tomaten, Kürbiskerne, einen Schuss Olivenöl, Salz, Zitronensaft und -schale vorsichtig miteinander vermengen. Jetzt darf abgeschmeckt und nach Bedarf noch mit etwas mehr Salz, Öl und Ahornsirup gewürzt werden. Gewürfelten Fetakäse darüberstreuen – fertig!

Wenn du
mit anderen teilst,
wirst du
selbst
beschenkt;
wenn du den Durst
anderer stillst,
lässt man dich auch
nicht verdursten.

Sprüche 11,25 (GN)

Familie

Als Kind dachte ich, es sei die Norm, vier Geschwister zu haben. Heute ernte ich Staunen, wenn ich von meiner Großfamilie erzähle. Dieser Haufen an Geschwistern, Schwagern und unzähligen Kindern (wir sind sehr fruchtbar!) ist nicht selbstverständlich. Und er ist ein ganz großer und manchmal nervender Segen. Meine kleine Schwester steht mir am nächsten. Sie heißt Doro (mit ihren 37 Jahren ist sie mittlerweile nicht mehr ganz so klein) und ist in manchen Punkten das komplette Gegenteil von mir: Sie wacht vor ihren drei Kindern früh um fünf Uhr auf, um ihr Hardcore-Workout zu absolvieren. Sie trinkt ihren Kaffee mit Aroma-Zusätzen und ist großer Fan ihres Smartphones. Ihr Haar hat im Laufe ihres Lebens tapfer alle Farbschattierungen erduldet. Ja, auch Orange. Und mit ihren ellenlangen, schlanken Beinen trägt sie beneidenswert kurze Röcke.

Ich schlafe um fünf Uhr morgens noch. Workout ist für mich eine Strafe. Meinen Kaffee trinke ich mit Bio-Milch. Smartphones sind meine Hass-Objekte. Mein Haar war schon immer langweilig braun (wenn ich mal ganz wild drauf bin, färbe ich es Mahagoni). Mit kurzen Röcken sehe ich wie ein lächerlicher Minion aus. Minus Brille.

Trotz aller Unterschiede: Wir haben eine enge Beziehung. Wir waren die Nachzügler oder das „Rotzgemüse", wie uns unsere großen Brüder nannten. Gegen ihre Übermacht mussten wir zwangsweise eine Solidaritätsgemeinschaft bilden. Über viele Jahre hinweg hat unsere Schwestern-Beziehung Höhenflüge und einige Tiefschläge erlebt. Als junge Erwachsene teilten wir uns eine Wohnung. Wir ernährten uns so einseitig, dass ich mich heute noch wundere, wie wir damals so unfassbar schlank bleiben konnten und nicht an Skorbut erkrankten. Unser täglich Brot waren Fast Food und Cola Light. Wir arbeiteten beide an einem Donut-Stand, abends brauste ich mit einem klappernden Fiat 500 für einen Pizza-Lieferservice durch die engen Gassen unserer Stadt. Irgendwann entzweiten wir uns inmitten finanzieller Probleme und Enttäuschungen.

Später wurde Doro ungeplant schwanger. Und plötzlich bildeten wir beide wieder eine Solidaritätsgemeinschaft. Doros Baby wurde zu einer Segensspur. Ein menschgewordenes Zeichen, dass Gott mitten in unserem Lebenschaos präsent ist und wirkt.

Mittlerweile sind wir langweilige Erwachsene geworden. Wir leben beide in geordneten Familienverhältnissen und bedienen das Klischee „Häuschen, Flachbildfernseher, Trockner". Hurra. Wir benehmen uns auch viel frommer als früher. Zumindest lesen wir öfter in der Bibel und bemühen uns darum, unsere Kinder nicht allzu oft anzuschreien.

Doro wollte mit ihrer Familie im Frühling in das Nachbarhaus meiner Eltern ziehen. Dieses kleine Haus aus den 50er-Jahren hatten meine Großeltern gebaut. Unsere Eltern verwandelten es mit der Zeit liebevoll in einen Landhaus-Traum. Dann kamen die Mieter mit ihren eigenen Vorstellungen von Ästhetik. Nach ihrem Auszug standen wir wie gelähmt vor giftgrünen, schwarz-roten, lila und türkisen Wänden, vor willkürlich eingezogenen Rigips-Platten, Plastik-Deckenverkleidung und einem verwilderten Garten. Und es war nur noch eine Woche, bis der Möbelwagen mit Doros Haushalt vor der Tür stehen würde.

Das versetzte unsere Großfamilie in Aktion. Wir mögen ja alle sehr unterschiedlich sein: organisiert und chaotisch, zielstrebig und orientierungslos, CSU-Wähler und Ex-Hippies, Tiefgläubige und Zweifler, Fast-Food-Junkies und Körner-Esser. Aber wenn Gott uns auffordert anzupacken, werden Unterschiede in Lebensweise und Weltanschauung unwichtig. Mein Solidaritätssinn klingelte also mal wieder wie eine schrille Alarmglocke – mein voller Terminkalender musste warten und ich kramte meinen alten Malerkittel aus dem Schrank.

Am ersten warmen Frühlingstag, als die Narzissen zu blühen begannen, stürzten wir uns in die Arbeit. Ich schwang die Farbrolle und schrubbte fleckige Türen. Mein Neffe Benni montierte Lampen, meine Nichte Lea hielt hoch motiviert die Leiter. Mein Mann Armin baute Ikea-Möbel zusammen, Mutti verputzte Wände, Vati klebte ab, meine große Schwester Christine und ihr Mann Andi strichen die Wände weiß und unsere Kinder tobten in Großmutters Garten. Alle Fenster standen offen, die warme Frühlingsluft mischte sich mit Farbgeruch. Jeder arbeitete vor sich hin. Reden und Lachen schwollen an und ab wie Ebbe und Flut. Wir hatten uns alle lange nicht gesehen, unsere Münder standen selten still. Und wenn wir ruhig waren, dann träumten wir von einem fertig renovierten Häuschen, vollgestopft mit Licht, Sonne, Kinderlachen und Hoffnung.

Normalerweise sehen wir uns selten, aber wenn, dann funktionieren wir wie ein Uhrwerk,

Wenn Gott uns auffordert anzupacken, werden Unterschiede in Lebensweise und Weltanschauung unwichtig.

dessen Zahnräder mühelos ineinandergreifen. An diesem Tag waren wir Familie und so viel mehr. Wir waren ein sichtbar gewordener Beweis für Gottes Liebe und Fürsorge. Aus der halbfertigen Küche drang der kräftige Geruch nach einem Gulasch-Eintopf. Mein Neffe Benni hatte bis zwei Uhr nachts an diesem Eintopf gearbeitet. Vati steuerte ein paar Flaschen fränkisches Bier und Brot bei. Wir hatten weder Tisch noch Stühle. Aber wir hatten eine alte Steintreppe, auf der wir unsere farbbekleckten Hintern niederließen. Die dampfenden Gulaschteller balancierten auf unseren Knien. Hier fanden wir alle zusammen: die fast 80-jährigen Rentner, die Studenten und Kindergartenkinder, Eltern und Töchter, Ehemänner und tapfere Kämpfer. Im Leben „da draußen" hätten unsere Lebenssituationen nicht unterschiedlicher sein können. Aber im Leben hier auf dieser sonnenbeschienenen, ausgetretenen Treppe waren wir eins. Vereint durch ein gemeinsames Projekt und Bennis Gulaschsuppe, die nach der harten Arbeit köstlicher schmeckte als jedes Gourmet-Menü. Wir waren müde, und von den Älteren hörte ich ab und zu ein schmerzvolles Ächzen. „Was für ein Wunder", sinnierte ich, „wie eine einfache Mahlzeit zur Feier werden kann." Ein simpler Eintopf, der neue Kraft schenkte und uns alle an einen Tisch bzw. auf eine Treppe brachte.

Das Häuschen wartete in der Zwischenzeit. Es wartete auf uns, damit wir ihm neues Leben einhauchten, die hässlichen Farbschichten übertünchten, den Dreck abwuschen. Und Gott wartet darauf, eine neue Geschichte mit meiner kleinen Schwester und ihrer Familie zu schreiben.

Bennis Gulasch

(für eine Großfamilie oder 8 Personen)

Zutaten

- 1 kg Bio-Rindfleisch
  (am besten von der Wade)
- 2 Stangen Lauch, in feinen Scheiben
- 4 Möhren, in Scheiben
- 4 Zwiebeln, gewürfelt
- 1 kg Tomaten, gehäutet und gewürfelt
- 4 rote Paprika, grob gewürfelt
- 4 Kartoffeln, grob gewürfelt
- 1 Flasche Rotwein
- 0,4 l Gemüsebrühe
- Olivenöl

- Gewürze:
  Salz, Pfeffer, scharfes
  Paprikapulver, edelsüßes
  Paprikapulver,
  3 Lorbeerblätter,
  Thymian, gemahlener
  Koriander, Majoran,
  Knoblauchpulver, Zimt,
  gemahlene Nelken, geriebene
  Zartbitterschokolade, Zucker,
  geriebene Zitronenschale.

Das Rindfleisch würfeln und am Vortag anbraten. Über Nacht kalt stellen. Am nächsten Tag in einem großen Topf das Öl erhitzen, Zwiebeln und Lauch anbraten. Dann Paprika und Möhren hinzugeben. 10 Minuten über mittlerer Hitze schmoren. Mit Rotwein und Gemüsebrühe ablöschen. Das Fleisch unterrühren. Die Lorbeerblätter, Majoran und Thymian hinzugeben und alles für eine halbe Stunde auf niedriger Stufe köcheln lassen. Kartoffeln und Tomaten dazugeben. Nun das Gulasch so lange auf niedriger Hitze kochen, bis das Rindfleisch zart ist. Das kann drei bis vier Stunden dauern. Wenn das Fleisch zart geworden ist, dann ist das Gulasch fast fertig. Nur Geduld, das braucht seine Zeit! Nun darf man mit den Gewürzen experimentieren. Paprika, Knoblauch, Koriander, Pfeffer, Zartbitterschokolade dürfen großzügiger verwendet werden. Zitronenschale, Zimt, gemahlene Nelken und Zucker vorsichtig einsetzen. Zum Gulasch schmecken Baguette oder Spätzle.

Den Ausländer,
der bei euch wohnt,
sollt ihr wie einen von euch
behandeln
und ihr sollt ihn
lieben
wie euch selbst.
Denn ihr selbst wart einst
Fremde in Ägypten.

3. Mose 19,34

Allegra

Der ICE fährt in den Münchener Hauptbahnhof ein. Ich stehe in einer erwartungsvollen Menschentraube, frierend, mit nervösem Bauchgrummeln. Meine Augen suchen die verspiegelten Fenster ab auf der Suche nach einem wilden Lockenkopf: Allegra. Ich wünsche mir in diesem Augenblick nichts sehnlicher, als endlich wieder ihr schallendes Gelächter zu hören. Alles an Allegra ist wuchtig und direkt: ihr Körper, ihr Wesen, ihre Wärme, ihre feministischen Neigungen, ihr Lachen.

Als sie vor über einem Jahr ins Nachbarzimmer meines israelischen Kibbuz zog, fühlte ich mich sofort zu ihr hingezogen. In dem Moment, als ich sie kennenlernte, hörte mein Heimweh nach Deutschland auf. Ich fand ein Stück Heimat in unserer Freundschaft und damit auch endlich in Israel. Kurz: Allegra war ein Geschenk des Himmels, das ich dringend gebraucht hatte. Sie hatte ihre süd-australische Heimat am Meer eingetauscht gegen eine Reise zu ihren Wurzeln in Europa. Zwischenstation Israel. Wo ich orientierungslos und abenteuerlustig nach abgebrochenem Gymnasium im Kibbuz morgens Tiere fütterte und nachmittags politische Diskussionen mit anderen Volontären am Swimmingpool führte. Gut, meistens planten wir einfach nur die Party am Abend und losten aus, wer zum Einkaufen nach Akko fahren musste.

Zurück in Deutschland hätte mein Alltag nicht kontrastreicher sein können. Alles fühlte sich grau und einsam und langweilig an. So stehe ich nun auf diesem kalten Bahnsteig mit meiner Hoffnung, Allegra könne meine Einsamkeit und Desillusion durchbrechen. Dann ist sie da. Mit Glücks-Strahlen im Gesicht, das sie aus Frankreich mitgebracht hat, steht sie vor mir. Sie sprudelt über vor Begeisterung über ihre Reise-Erlebnisse, die alle etwas mit verrückten Iren und französischen Weingütern zu tun haben. Ich habe nicht viel zu berichten, außer, dass ich wieder auf dem Hof meiner Eltern lebe und gerade eine Schreinerlehre begonnen habe.

Allegra ist neugierig auf meine deutsche Heimat, die sich seit Israel für mich nicht mehr wie eine Heimat anfühlt. Um ihr die ganze Bandbreite an einem Tag zu vermitteln, führe ich sie erst ins Hofbräuhaus, wo wir eine Maß stemmen. German Gemütlichkeit. Und anschließend fahren wir zur KZ-Gedenkstätte Dachau. German Angst. Allegra findet mich skurril. „Wer führt denn einen Touristen an seinem ersten Tag in Deutschland ins KZ? Das kannst nur du, my German weird friend." „Ja", lache ich, „so was mach echt nur ich." Das Lachen bleibt uns in der Kehle stecken beim Gang übers KZ-Gelände. Düstere Skulpturen, schwarze Gedanken und mir ist, als hinge über dem Schnee immer noch ein Hauch von Tod und Verzweiflung.

„Uuuuh, I need fooooood!" Zwei Stunden später stehen wir vor den Auslagen einer Bäckerei. „You Germans have the best bakeries in the world!" Allegra quellen die Augen fast aus ihrem Kopf. Ich deute auf Laugenbrezeln, Brötchen, Rosinenschnecken und saftige Krapfen. Für mich ein gewöhnlicher Anblick, aber nicht für Allegra. Später, als wir mit dem ICE in Richtung Franken zurückfahren, lecken wir uns die Marmelade von den Fingern, die großzügig aus den Krapfen quillt. Allegra schaut mich ernst an und gesteht, dass sie ihre australische Heimat vermisst, ihre Familie, den Strand, den Adelaider Central Market, australisches Essen.

Ich wünschte, ich könnte ihr Heimweh lindern. Aber statt warmer Temperaturen herrscht eisiger Frost. Statt mit Surfbrettern in die Meeresgischt zu rennen, stapfen wir dick eingepackt durch den Schnee. Statt urbanem Lebensgefühl herrscht ländliche Idylle. Allegra fühlt sich wohl in meinem bäuerlichen Elternhaus. Meine Eltern beherrschen die Kunst, Gäste scheinbar mühelos ins Familienleben zu integrieren. Als Kind dachte ich, das sei die Norm. Aber später lernte ich, dass Gastfreundschaft bedeutet, eigene Bedürfnisse hintenanzustellen, Türen weit aufzumachen, großzügig zu teilen. An einem Nachmittag schickt Mutter uns vor die Tür: „Es wird Zeit, dass ihr Mädels ein bisschen frische Luft bekommt. Macht mal einen langen Spaziergang in den Wald." Sie zwinkert mir verschwörerisch zu.

Der Schnee hat den Wald in eine Märchenlandschaft verzaubert. Jeder Baum trägt eine weiße Haube und alles, was wir hören, ist Schneestille, das Knirschen unserer Stiefel und ein gelegentliches Krächzen einer Krähe. Ich versuche, den vertrauten Wald meiner Kindheit durch Allegras staunende Augen zu sehen. Ein hoffnungsvoller Funke beginnt zu glühen, der in meinem Herzen neue Freude an meiner Heimat entfacht.

Nach zwei Stunden reißen wir die gelbe Haustür auf und eilen Richtung Kachelofen. Auf halbem Weg stutzt Allegra. In der Luft hängt süßer, verheißungsvoller Duft. Den Tisch ziert ein Kuchen, der einer weißen Schneewehe ähnelt. Auf seiner Oberfläche stapeln sich glänzende Erdbeeren, zwischen denen dicke Sahne hervorquillt.

In dem Moment, als ich sie kennenlernte, hörte mein Heimweh nach Deutschland auf. Ich fand ein Stück Heimat in unserer Freundschaft.

Ein Kartoffelsalat von Freunden in Chiang Mai, ein Hefeweizen in Los Angeles, eine Schwarzwälder Kirschtorte zu meinem Geburtstag in Darwin erinnern mich daran, wo ich herkomme und was mich geprägt hat.

Allegra schnappt nach Luft: „Pavlova-Cake!" Sie schaut verwirrt von mir zu meiner Mutter, die sich ein Grinsen nicht verkneifen kann. Lange hatte meine Mutter nach einem australischen Rezept gesucht, um Allegra eine Freude zu machen und ihr Heimweh zu lindern. Und hier war er nun, der berühmte australische Pavlova-Cake. Ein Traum aus Baiser, Sahne und Erdbeeren. Jeder Bissen war eine Verheißung, eine Erinnerung, Trost in der Fremde.

Noch Jahre später denke ich oft an diesen Pavlova-Cake, die Erinnerung an den Geschmack und Allegras tränenreiche Freude. An dem Kaffeetisch in meinem Elternhaus erhaschte ich eine erste Ahnung davon, dass meine Identität auch immer mit Essen verknüpft ist. So wie bestimmte Gerüche plötzlich Kindheitserinnerungen wachrufen, kann Essen uns an unsere Kultur und Identität erinnern. Ich bin nicht komplett herausgelöst aus meinem heimatlichen Umfeld, auch wenn ich Tausende Kilometer entfernt bin. Ein Kartoffelsalat von Freunden in Chiang Mai, ein Hefeweizen in Los Angeles, eine Schwarzwälder Kirschtorte zu meinem Geburtstag in Darwin erinnern mich daran, wo ich herkomme und was mich geprägt hat.

Ich denke auch oft an den Pavlova-Cake, weil diese Geste meiner Mutter mich inspiriert hat, Menschen anderer Kulturen in der Küche zu begegnen. Oder am Tisch. Wann immer ich Ausländer kennenlerne, lautet eine meiner ersten Fragen: „Was esst ihr in deiner Heimat?" Diese Frage öffnet mir weit mehr Türen, als die Frage nach Status und Familie. Meistens öffnet sich dann auch die Küchentür, wo mir eine japanische Freundin die Sushi-Zubereitung beibringt oder die kenianische Nachbarin afrikanisches Schmalzgebäck für mich zubereitet. Trost in der Fremde. Begegnung über alle Barrieren hinweg in der Küche.

Zwei Jahre nach Allegras Besuch klopft eine junge australische Frau an die Haustür meiner Eltern. Eine Freundin von ihr. „Allegra hat mir erzählt, dass eure Gastfreundschaft etwas so Außergewöhnliches für sie war, dass ich das auch erleben möchte." Herzlich Willkommen. Der Pavlova-Cake ist bereits in Arbeit.

Pavlova-Cake

Zutaten

- 6 Eiweiß
- 300 g Zucker
- 1 Prise Salz
- 2 Becher Schlagsahne
- Früchte der Saison

Zuerst den Baiserboden backen. Das ist gar nicht so schwer, wenn man alles Schritt für Schritt genau befolgt.

Den Ofen auf 180 °C (Ober-/Unterhitze) vorheizen. Ein Backblech mit Backpapier auslegen. Eier trennen und dabei genau darauf achten, dass keine Spur von Eigelb mit in die Schüssel gerät. Eiweiß schlagen, bis sich feste Spitzen bilden. Jetzt nach und nach Zucker und die Prise Salz hineinrieseln lassen, während der Mixer weiterläuft. Weitere sieben bis acht Minuten mixen, bis der Eischnee glänzt. Wenn man eine kleine Probe des Eischnees zwischen den Fingern zerreibt und der Zucker nicht mehr zu spüren ist, dann ist er einsatzbereit.

Eischnee auf das Backblech geben und zu einem ca. drei Zentimeter hohen Kreis formen. Die Oberfläche glatt streichen. In den Ofen schieben und die Temperatur auf 100°C zurückschalten. Ca. eine Stunde backen. Das Baiser darf nicht braun werden, sollte sich aber außen knusprig anfühlen. Der Kern darf ruhig noch ein klein wenig weich sein. Anschließend die Ofentür öffnen und den Baiserboden bei geöffneter Tür auskühlen lassen.

Kurz vor dem Servieren die Sahne steif schlagen und auf den Boden streichen. Mit Früchten belegen und möglichst bald essen. Steht die Pavlova länger, weicht sie durch.

Du hast alles in mir **geschaffen** und hast mich im Leib meiner Mutter geformt. **Ich danke dir,** dass du mich so *herrlich und ausgezeichnet* gemacht hast! **Wunderbar** sind deine Werke, das weiß ich wohl.

Psalm 139,13-14

Hungrig

*I*ch bin verfressen. Ja, das stimmt. Und dass ich dick bin. Jeden Abend Spaghetti, in der Weihnachtszeit die Plätzchen und jetzt Krapfen. Von denen könnte ich mindestens sieben verschlingen. Na, ich merk's ja auch, ich werd immer dicker und fauler. Früher war ich in Form. Aber jetzt, ich bring ja inzwischen schon fast 60 Kilo auf die Waage (obwohl man bedenke, dass unsere Waage nicht richtig geht)."

Diese Sätze schrieb ich in mein Tagebuch, als ich 14 war. Mit türkisfarbener Tinte und einem Herzchen über jedem „i". Sie hätten auch aus der Feder meines 24- oder 34-jährigen Ichs stammen können! Ich fand diesen Eintrag, als ich vor Kurzem in einem Anfall von Sentimentalität alte Tagebücher wälzte. Beim Lesen dieser Sätze überkam mich plötzlich großes Mitleid mit dem unsicheren Teenie-Mädchen, das ich vor langer Zeit war. Ich hätte es am liebsten in den Arm genommen, ihm gesagt, dass ich es wunderbar finde und dass 60 Kilo WIRKLICH kein Drama sind!

In diesem Alter war vieles schmerzhaft neu und ungewohnt und roh, anders als mit 24 oder 34. Ich war zum ersten Mal verliebt,

> Ich hatte etwas verlernt, das ich als Kind ganz natürlich beherrschte. Normal essen, ohne mir darüber den Kopf zu zerbrechen. Dankbar essen. Gute Dinge essen.

Freundschaften kamen und gingen im wöchentlichen Wechsel, Tampons waren nicht mehr nur die seltsamen Wattedinger, die man sich lustig in die Nase stopfen konnte und mein Körper veränderte sich, obwohl ich das nicht wollte. Wenn ich ein dominierendes Gefühl aus dieser Zeit heraussieben müsste, dann wäre es Scham. Scham begleitete mich früh in die Schule, bei den Hänseleien im Schulbus, während der Matheabfrage, beim hochnotpeinlichen Gang zur Toilette mit besagtem Tampon, beim Essen und vor allem beim Blick in den Spiegel. War ich vor kurzem noch ein storchenbeiniges, unbeschwertes Kind, so fühlte ich mich plötzlich nicht mehr richtig: Meine Nase war zu groß für mein Gesicht, meine Augenbrauen zu schwer, meine Knie zu knubbelig, meine Hüften zu breit, die Beine zu kurz. Die damals schwer angesagte 80er-Jahre-Mode unterstrich meinen Typ nicht unbedingt vorteilhaft. Wer auf die Idee kam, dass stonewashed Karotten-Jeans für Teenies der Hit sind, dachte nicht an die Mädchen mit kräftigen Oberschenkeln und Popo. Jennifer Lopez kam leider zwölf Jahre zu spät als hippe Vertreterin des rundlichen Gesäßes.

Essen wurde meine große Liebe. Essen tröstete mich in meiner Einsamkeit, es dämpfte für kurze Zeit meine Gefühle und war eine Belohnung nach harten, erfolglosen Schultagen. Das Raider-Brötchen in der Pause schluckte ich zusammen mit der vergeigten Physikarbeit runter (wer Raider nicht kennt, ist ... jung). Die Familienpackung Mirácoli am Abend mit der Extraportion Käse? Ich hörte erst auf, wenn mein Magen wehtat. Das war gut so. Ich fühlte dann wenigstens nicht mehr das andere: nämlich, dass ich falsch bin, so wie ich bin.

Dieses Gefühl schlug dafür am nächsten Morgen umso heftiger wieder zu. Wenn der Bund meiner stonewashed Karotten-Jeans zwickte und meine Oberschenkel komische Dellen aufwiesen. Der Kreislauf aus Scham und Essen, Essen und Scham, Diät und Jojo-Effekt war geboren. Es gibt seitdem nur zwei Zustände für mich: totale Grenzenlosigkeit oder totales Asketentum. Als ich von zu Hause auszog, konnte ich endlich radikal Diät machen, ohne von den Kochkünsten meiner Mutter torpediert zu werden. Ich ernährte mich von fettlosen, künstlichen Joghurts, Reiswaffeln, die wie Styropor schmeckten und manchmal von gar nichts. Wenn mein Gewicht in den Keller sackte, fühlte ich mich großartig und der Welt überlegen. Dann tanz-

> Die Welt quillt über vor Aromen und Gerichten und Gewürzen und Düften.

te ich nachts durch die Clubs meiner Stadt und führte meinen makellos flachen Bauch vor wie eine Trophäe, die ich hart erkämpft hatte. Trotzdem fühlte ich mich immer zu dick. Wenn ich Zurückweisung erlebte – und die gab es häufig –, war mir klar, dass es an meinem Körper liegen müsse. Also hungerte ich noch mehr. Aber dann kam immer dieser gewisse Punkt, an dem ich schwach wurde, die Nummer des Pizzaservice herauskramte und mir die fettigste Pizza auf der Karte bestellte. Dazu eine Flasche Cola und hinterher einen Becher Eiscreme. Hinterher litt ich an seelischem Kater: Ich verdammte mich für meine Schwäche. Ich suhlte mich in meinem negativen Selbstbild. Ich schämte mich für mich.

Ich hatte etwas verlernt, das ich als Kind ganz natürlich beherrschte. Normal essen, ohne mir darüber den Kopf zu zerbrechen. Dankbar essen. Gute Dinge essen, die meinen Körper stärken, damit er auf Bäume klettern, über Gräben springen und die Nachbarjungs vermöbeln kann. Essen war zu einer Hass-Liebe geworden, der ich nicht entrinnen konnte. Je nach Diät, die ich gerade machte, zählte ich Punkte oder Kalorien, vermied Kohlehydrate, Fett, Zucker. Mein Denken kreiste ums Essen und vor allem darum, was ich nicht essen durfte. Essen war mein Goldenes Kalb geworden, um das ich tanzte und das ich beschwor. Ich war überzeugt: Wenn ich erst einmal eine bestimmte Figur hätte, würden sich im Zuge dessen alle anderen Probleme meines Lebens in Luft auflösen. Dann würde man mich endlich lieben. Dann könnte ich endlich anfangen zu leben.

Als mich meine Liebe zum Reisen in fremde Länder führte, machte ich die bahnbrechende Entdeckung, dass es mehr gibt als fettlosen Joghurt und Diätsnacks. Die Welt quillt über vor Aromen und Gerichten und Gewürzen und Düften. In Australien lernte ich Currys zu kochen. In den USA aß ich koriandergeladene Salsa und Tortillas und vietnamesische Fischbällchen und Hummer. In Israel verliebte ich mich in Avocados und Hummus mit Kreuzkümmel. In Frankreich wurde ich süchtig nach Moules-Frites. Anstatt die Nummer des Pizzaservices zu wählen, stellte ich mich jetzt immer öfter in die Küche. Jedes neue Gericht, das mir gelang, wurde zu einer Offenbarung: Ich kann besser für mich sorgen, als einen Becher Diät-Pudding aufzureißen! Aber das Goldene Kalb ließ mich nicht los. Die Kilos krochen langsam zurück auf meine Hüften, wo sie sich breitmachten und sich darüber freuten, dass sie schnell Gesellschaft bekamen. Ich probierte es weiter mit Diäten. Mit zweifelhaftem Erfolg. Jetzt, wo mein Körper wieder wusste, was gutes Essen war, rebellierte er umso mehr gegen Entzugserscheinungen.

Zwei Schwangerschaften haben nicht unbedingt zu einem positiven Bild von meinem Körper beigetragen. Ich bin die Frau, die sich nach dem Duschen in Warp-Geschwindigkeit anzieht, um ja nicht mit der Wahrheit im Spiegel konfrontiert zu werden.

Ich rede mit Jesus darüber. Das ist der einzige Weg, der mir übrig bleibt. Ich rede mit ihm und frage ihn, wie ich zurück zu einer unbelasteten Beziehung zum Essen kommen kann. Mit seiner Hilfe richte ich mich in dem Land zwischen totaler Grenzenlosigkeit und Asketentum ein. Mittlerweile bin ich keine Durchreisende mehr – von der einen auf die andere Seite. Ich bin heimisch geworden. Nur noch manchmal breche ich zur einen oder anderen Seite aus. Es ist ein langsamer Gesundungsprozess, in dem Jesus mir kompetente Menschen zur Seite stellt, die mit mir gesundes Essverhalten trainieren. Jeden Morgen muss ich meine unerfüllbaren Standards von mir abwaschen und Gnade überziehen.

Meine Seele dankt es mir. Mein Körper atmet auf. Manchmal fällt es mir noch schwer, ihn liebevoll anzusehen. Aber ich glaube immer mehr, dass sich die Vielfalt und Kreativität Gottes eben auch in den vielen unterschiedlichen Körperformen widerspiegelt. Ich wünsche mir, dass wir aufhören, diese Vielfalt mit dem luftabschnürenden westlichen Idealmaß-Korsett zu ersticken. Welches befreiende Vorbild werden wir Frauen für unsere Freundinnen und Töchter sein, wenn wir beginnen, unsere kleinen Busen, großen Hintern, stämmigen Oberschenkel und dünnen Hüften trotzig anzuerkennen!

Ich sage heute Danke für meinen Körper, der über Gräben springen, auf Bäume klettern und Kinder zu Welt bringen kann. Und ich sage Danke, dass stonewashed Karotten-Jeans der Vergangenheit angehören. •

Wintersalat

mit Rotkohl, Kichererbsen und Äpfeln

Salate können eine aufregende Sache sein! Oft esse ich statt der traditionellen Brotzeit am Abend eine Schüssel Salat. Aber nicht den gähnend-langweilig grünen mit Fertigdressing. Ich experimentiere mit Getreide, Quinoa, Ofengemüse, Obst, Käse, Kohlsorten, Trockenfrüchten, Nüssen usw. Dieses sättigende und gleichzeitig gesunde Rezept habe ich an einem Winterabend, nach einem Blick in meinen Kühlschrank, erfunden. Der Salat ist beliebig wandelbar und hält sich im Kühlschrank einen Tag lang frisch.

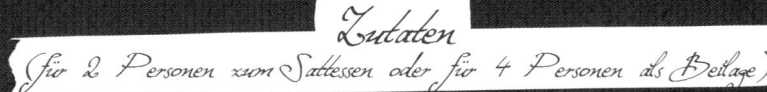

Zutaten
(für 2 Personen zum Sattessen oder für 4 Personen als Beilage)

Salat:
- ½ kleiner Rotkohl
- 2 Äpfel
- 200 Kichererbsen (Dose)
- 50 g Walnüsse (gehackt)
- 40 g Rosinen
- 120 g Feta

Dressing:
- 6 EL Olivenöl
- 5 EL Balsamico-Essig
- 1 ½ TL Ahornsirup o. Agavendicksaft
- 1 TL Soja-Soße
- 1 TL Salz
- 1 TL Senf

Den Rotkohl und die geschälten Äpfel reiben. Kichererbsen, Walnüsse und Rosinen hinzufügen. Den Feta würfeln und über den Salat streuen.

Für das Dressing alle Zutaten in ein Marmeladenglas geben, kräftig schütteln bis das Dressing schön sämig ist. Über den Salat gießen, vermengen und genießen.

Es gibt nichts Besseres für den Menschen, als sich an dem zu freuen, was er isst und trinkt, und das Leben trotz aller Mühe zu genießen. Doch ich erkannte, dass auch das ein Geschenk Gottes ist.

Prediger 2,24

Nine/Eleven

„Da ist gerade ein Flugzeug ins World Trade Center geflogen." Es ist früher Nachmittag in der Werbeagentur, in der ich als Schreibtisch-Täterin arbeite. Ich sitze gerade an irgendeiner quälend langweiligen Datenbank. Mir gegenüber beugt sich meine Lieblingskollegin über die Tastatur, um das Geschehen auf dem Bildschirm besser erkennen zu können. Ich tippe unbeeindruckt weiter und murmele: „Ach, mach kein Drama. Das wird so ein bescheuerter Hobby-Pilot mit seiner Cessna gewesen sein." Als Ex-Stewardess liegt es außerhalb meines Vorstellungsvermögens, dass etwas, das größer ist als ein Rasenmäher, in einen der Türme einschlagen könnte. Ich widme mich wieder meiner Datenbank. „Jetzt schau doch mal! Das war eine Boeing!" Lieblingskollegin wird hysterisch. Ich verdrehe genervt die Augen und klicke ein Nachrichtenportal an, um ihr zu beweisen, dass es keine Boeing, sondern ein Rasenmäher war.

„Neeeeeiiiiin!!!!!" Der Moment, in dem alles anders wurde.

Dieser Nachmittag ist nun 14 Jahre her.

In den Tagen und Wochen nach Nine/Eleven wurde mein Glaube an unsere Sicherheit und die Unantastbarkeit der westlichen Lebensweise demontiert. Ich erkannte geschockt, dass alles, worauf ich mein Leben bis dahin gegründet hatte, auf tönernen Füßen stand. Und dass diese Füße jederzeit wegbrechen können wie zwei Türme, deren beeindruckendes Stahlgerüst ein Symbol für unser Wohlstands- und Sicherheitsstreben war. Übrig geblieben sind nur noch ein paar rauchende, zerborstene Streben, die wie mahnende Zeigefinger in den New Yorker Herbsthimmel ragten.

Mich quälte die Frage, was wirklich Halt und Sicherheit geben könne. Auf der Suche nach einer Antwort blätterte ich viel in meiner Bibel und erkannte, dass sich die Zeiten nicht wirklich geändert hatten. Nur die Methoden und Möglichkeiten waren andere geworden. „Alles hat seine Zeit, alles auf dieser Welt hat seine ihm gesetzte Frist: (...) Geboren werden hat seine Zeit wie auch das Sterben. (...) Weinen hat seine Zeit wie auch das Lachen. (...) Klagen hat seine Zeit wie auch das Tanzen. (...) Zerreißen hat seine Zeit wie auch das Flicken. (...) Lieben hat seine Zeit wie auch das Hassen. (...) Krieg hat seine Zeit wie auch der Frieden" (Prediger, 3, 1-8). Kurz vor dieser Stelle heißt es: „Es gibt nichts Besseres für den Menschen, als sich an dem zu freuen, was er isst und trinkt, und das Leben trotz aller Mühe zu genießen. Doch ich erkannte, dass auch das ein Geschenk Gottes ist" (Prediger 2,24-25).

Jede Zeit kommt aus der Hand Gottes. Und in der Zeit nach Nine/Eleven lernte ich, dass Zerbrochenes neben Heilem stehen darf. Dass das eine das andere nicht ausschließt. Und so reifte in mir der Wunsch heran, den Rest der Welt zu sehen, der noch unberührt vom Terror war. Ich wollte meinen begrenzten Kosmos aus Werbeagentur, Datenbanken, Feierabend, Sicherheit durchbrechen. Es gab noch so viel zu sehen, zu entdecken, zu schmecken. Es gab so viele Menschen, die ich noch kennenlernen und von denen ich lernen wollte. Es gab noch so viele Länder, in die ich noch nie einen Fuß gesetzt hatte. Ich wollte fotografieren, eintauchen, leben.

Drei Monate nach Nine/Eleven betrat ich das Zimmer meines Chefs und reichte die Kündigung ein. Er sah mich fragend an. „Ich habe gestern Nacht beschlossen, für ein Jahr um die Welt zu reisen."

Ich hatte Gott gefragt, was er von meinem Plan hielt. Und Gott hat nichts dagegen gehabt. Zumindest schlussfolgerte ich das aus seinem Schweigen. Ich sagte: „Okay, Gott. Ich glaube einfach, dass du mit dabei bist."

Ich erkannte geschockt, dass alles, worauf ich mein Leben bis dahin gegründet hatte, auf tönernen Füßen stand.

Und ich fühlte mich so frei, wie seit meinen Kindergartentagen nicht mehr.

Mein Besitz schrumpfte zusammen auf Rucksackgröße und je weniger ich besaß, desto leichter fühlte ich mich. Das Geld war knapp, aber ich wollte während des Jahres arbeiten und viel fotografieren. Ich hatte eine grobe Route zusammengestellt und war voller Zuversicht, dass ich immer mit Unterkunft, Essen, Menschen und Arbeit versorgt sein würde.

Mein erstes Ziel war Texas. Und von da an mäanderte meine Riesenroute durch den Südwesten der USA nach L.A. Ich wohnte bei Freunden, Bekannten und in Hostels. Ich fand Unterkunft auf Militärbasen, im Indianer-Reservat und in den Suburbs. In Australien arbeitete ich mich vom äußersten Norden in den urbanen Süden vor. In Südostasien verlor ich mein Herz an die Menschen und an die asiatische Küche.

Ich arbeitete als Kellnerin, Jeep-Wäscherin, Gärtnerin, Apfelpflückerin, Krokodil-Fängerin und Englisch-Lehrerin. Unzählige Menschen kreuzten meinen Weg. Und bei vielen von ihnen durfte ich einkehren. Ich war fast beschämt, wie viele Menschen mich ganz selbstverständlich aufnahmen, mich zum Essen einluden, für mich kochten. Die klarsten und schönsten Erinnerungen an meine Reise haben immer mit Essen in Gemeinschaft zu tun. Ganz egal, wie einfach oder ausgefallen. In den Hostel-Küchen lernte ich von anderen Backpackern die Zubereitung von Süßkartoffeln, Red Snapper und Currys. Mit zwei Israelinnen tourte ich eine Zeit lang durch das nördliche Australien. Das Geld war immer knapp und so reichte es meistens nur für ein paar Päckchen „Two-Minute-Noodles". Die kochten wir nachts über dem Lagerfeuer und verfeinerten die pampigen Nudeln mit viel Knoblauch und einem Schuss Öl. Dieses einfache Gericht blieb mir in Erinnerung, weil es in seiner Einfachheit, gemeinsam genossen im Schein des Feuers, befriedigender war als jedes Fünf-Sterne-Menü. Im australischen Busch schloss ich mich einer britischen Forschungsgruppe an, die ein paar naive Volontäre für den Krokodilfang brauchte. Ich lernte drei Dinge: Schnappschildkröten sind gefährlicher als Krokodile. Man kann auch ohne Toilette überleben. Engländer halten immer ihre Tea Time ein. Immer. Wir zündeten nachmittags das Lagerfeuer an, brachten Wasser aus dem nahe gelegenen Billabong zum Kochen und tranken kurz drauf frisch gebrühten Tee, während die Sonne unsere Haut verbrannte. Ein paar Minuten Innehalten, Konversation, Genuss, bevor wir wieder im Schlamm nach Krokodilen fischten.

In Thailand arbeitete ich eine Weile in einem Kinderheim. Anstatt zu kochen, gingen wir abends über den Markt und kauften frisch gekochte Speisen, die uns im Plastikbeutel über die Theke gereicht wurden. Reis, viel Koriander, viele scharfe Chilis, viel Zitronengras. Jeden Abend unternahm ich neue kulinarische Expeditionen, deren Höhepunkt ein Omelett bildete – gefüllt mit grünen Ameisen. Ich wollte mir keine Blöße geben und meinen lächelnden Gastgeber nicht brüskieren. Meine Tapferkeit wurde belohnt: Das Omelett war außen knusprig, innen luftig und schmeckte wundervoll leicht nach Zitrone. Ich durfte nur nicht so genau hinsehen …

Nach einem Jahr hatte mich das Lebens-Büfett überreich gesättigt. Ich war mit leerem Konto und leeren Händen zurückgekehrt. Aber Kopf und Herz waren voll. Voll mit Erinnerungen an die Vielfalt atemberaubender Landschaften und Tiere und Menschen und Begegnungen und Lieder und Essen. Erinnerungen an eine Welt, die es jenseits des Terrors eben auch gibt.

Heute ist mein Lebens-Büfett anders geworden, überschaubarer, langsamer. Es besteht aus wohltuender Routine anstatt Abenteuern. Aus tiefen Beziehungen anstatt kurzen Begegnungen und aus vielen Vorlese- und Erzählstunden (in denen Mami von ihren Krokodil-Abenteuern berichtet).

Aber immer, wenn mein Herz beginnt unruhig zu werden und sich nach dem überbordenden Büfett sehnt, dann tue ich dieses: Ich gehe in die Küche und schließe die Augen. Und dann backe ich ein Brot oder koche ein Curry oder lade Freunde ein. Gott schenkt mir auch in meinem kleinen Kosmos eine Vielfalt an Möglichkeiten und Begegnungen, Menschen und ihren Geschichten, Aromen und Farben. Ich will sie kosten, erfahren und mich daran freuen. Denn irgendwo hab ich gelesen, dass Gott sich freut, wenn wir die Dinge genießen, die er uns schenkt.

> **Die klarsten und schönsten Erinnerungen an meine Reise haben immer mit Essen in Gemeinschaft zu tun. Ganz egal, wie einfach oder ausgefallen.**

Mein Kühlschrank-Curry
(für 4 Personen)

Ein Curry ist das vielseitigste Gericht, das ich kenne. Man kann es beliebig abwandeln und Zutaten austauschen. Ich nenne es gerne Kühlschrank-Curry, weil alles Gemüse, das im Kühlschrank droht vergessen zu werden, ins Curry wandert. Während meiner Weltreise baumelte immer eine weiße Plastiktüte mit Süßkartoffeln, Currypaste, Knoblauch, Zucchini und Kokosmilch an meinem Rucksack. Das war quasi mein Vorratsschrank, aus dem ich jeden Abend die Zutaten für ein Curry schöpfte.

Zutaten

- 2 EL Sonnenblumen-, Erdnuss- oder Kokosöl
- 1 Zwiebel, gehackt
- 2 Zehen Knoblauch, gehackt
- 2 Kartoffeln, gewürfelt
- 2 TL rote Currypaste
- 1 Dose Kokosmilch

- 200 g Tofu
  (wer keinen Tofu mag, kann ihn einfach weglassen)
- 1 Zucchino, in Scheiben geschnitten
- 5 Blätter Grünkohl, den Stiel entfernt, gehackt
- 120 ml Gemüsebrühe
- 60g Cashewkerne, ungesalzen

Das Öl in einem Wok oder einer großen Pfanne heiß werden lassen. Die Zwiebeln einige Minuten anbraten, bis sie glasig werden. Dann die Kartoffeln und den Knoblauch unterrühren. Eine weitere Minute braten. In einer kleinen Schüssel die Currypaste mit einem Schuss Kokosmilch verrühren. In den Wok geben, umrühren, bis alles gut miteinander vermengt ist. Dann die restliche Kokosmilch und die Gemüsebrühe dazugeben. 15 Minuten lang auf niedriger Stufe und mit Deckel köcheln lassen. Die Kartoffeln sollten gegen Ende fast gar sein. In der Zwischenzeit die Cashewkerne in einer kleinen Pfanne rösten. Zur Seite stellen.

Zucchini und Grünkohl unterrühren. So lange weiterköcheln lassen, bis das Gemüse durch, aber noch bissfest ist. Wenn nötig, noch mehr Brühe dazugeben. Gegen Ende der Kochzeit den Tofu vorsichtig unterheben, kurz mitgaren lassen. Die gerösteten Cashewkerne vor dem Servieren über das Curry streuen. Dazu Basmati-Reis reichen.

Eine *weise* **Frau** baut ihr **Haus;** eine unvernünftige reißt es mit eigenen **Händen nieder.**

Sprüche 14,1

Reichtum der Frauen

Ich trage noch immer meinen breibefleck-
ten, ausgebeulten Jogginganzug. Seit gestern Nachmittag. Er ersetzt Schlafanzug,
Jeans und Pulli. Aber ich habe ihn nicht etwa
an, weil ich so sportlich wäre oder weil mich
gleich das Bedürfnis überfallen könnte, eine
Runde durchs Dorf zu rennen. Es war bisher
schlichtweg keine Zeit zum Umziehen. Und mir
fehlt sowieso die Kraft, etwas Sauberes aus dem
Schrank zu ziehen.

Mein Baby und mein Kleinkind liegen im
Wohnzimmer auf dem Teppich, gurren sich
gegenseitig an, während sie ihr Milchfläschchen
trinken. Ein seltener Moment des totalen Frie-
dens, den ich in mich aufsauge und abspeichere,
um ihn im anstrengenden Alltags-Chaos wieder
abrufen zu können. Ich nehme mein Baby auf
den Arm, sie ist unzufrieden. Meine Große hüpft
an meinem Bein auf und ab, sie will auch auf
den Arm. Der Jogginganzug erfüllt also doch
seinen sportlichen Zweck! Mütter-Workout
mit Kinder-Heben, Baby-Rumtragen, Wickelta-
sche-Schleppen und Buggy-ins-Auto-Wuchten.
So sieht mein Sport momentan aus.

Später halten beide ihr Vormittagsschläf-
chen. Ich schnuppere an mir. Die Spuckflecken
verströmen einen sauren Geruch. Ich schaue in
den Spiegel und sehe Augenringe in der Größe von Grönland. Zeit, etwas dagegen zu tun.
Für ein eigenes Schläfchen ist die Zeit zu kurz,
aber ich springe unter die Dusche, bringe mein
Haarnest auf dem Kopf in eine annehmbare
Form, creme mich ein, trage ein wenig Make-up
auf und wähle ein paar Ohrringe aus. Die Waage ignoriere ich. Ich könnte sie eigentlich gleich
wegpacken, denn ich habe keine Lust, dass sie

mir mit ihrer puren Anwesenheit permanent
ein schlechtes Gewissen verursacht. In diesem
neuen Abschnitt meines Lebens ist kein Platz
für die Waage, ebenso wenig wie für kneifen-
de Jeans, Cocktail-Nächte beim Mexikaner und
saubere Fensterscheiben. All diese Dinge sind
weggefallen und haben Platz für etwas Neues
geschaffen: für zwei noch nie dagewesene kleine
Mädchen!

Ich muss dieser Tage mein Frausein neu
buchstabieren, denn die Begriffe schön oder
erfolgreich oder elegant oder abenteuerlustig
haben ihre Kraft für mich verloren. Ich spüre,
wie unter der Oberfläche eine Kraft und eine
Liebe brodeln, wie ich sie bisher noch nie erlebt und ausgelebt habe. Normalerweise bin
ich überhaupt nicht der Versorgertyp und ich
staune, dass ich es doch irgendwie kann. Auch
wenn es sich immer noch eckig und ungewohnt anfühlt.

Meine Kleine fängt an zu quengeln, sie hat
Hunger. Seufzend lege ich das Geschirrhand-
tuch zur Seite und lasse mich in meinem Tun
unterbrechen. Ich lege sie an und spüre, wie sich
ihr Körper entspannt. Sie wird satt, Zug um
Zug. Ich betrachte den zarten Flaum auf ihrem
Köpfchen und wundere mich, dass ich dieses
kleine Wesen nähren kann. Ohne, dass ich viel
dafür tun muss. Meine größere Tochter schaut
interessiert zu und holt dann ihre hungrige Pup-
pe, schiebt sie unter ihr Shirt und tut es mir nach.

Der Essensrhythmus bestimmt den Ablauf
unserer Tage und Nächte. Immer wieder muss
ich präsent sein, wach werden, versorgen. Es
ist nicht so wichtig, wie es sich anfühlt, sondern
dass ich es einfach tue. Wenn es nach meinem

Schweinehund ginge, würde ich mich nachts am liebsten zur anderen Seite umdrehen und weiterschlafen und alles um mich herum ignorieren. Aber neuerdings bin ich mit einer geheimnisvollen Mütter-DNA verdrahtet, die den Schweinehund und meine Grenzen ignoriert. Ohne diese Mütter-DNA wäre die Menschheit wahrscheinlich schon ausgestorben. Sie sorgt dafür, dass ich weiter versorge, auch wenn ich vor Müdigkeit fast in Ohnmacht falle.

Ich fühle mich schwach und gleichzeitig so stark. Ich kann zwei kleine Mädchen ernähren und pflegen und fördern! Dieser Gedanke raubt mir jedes Mal vor Ehrfurcht den Atem. Und vor Dankbarkeit. Weil Gott es irgendwie geschafft hat, mich von einer weltreisenden, abenteuer- und freiheitsliebenden Frau in eine beinahe selbstlose, versorgende zu verwandeln. Ohne, dass ich meine Persönlichkeit an den Nagel hängen muss.

Gott schenkt uns viele Möglichkeiten, unsere Grenzen zu erweitern, neue Pfade einzuschlagen und dann über uns selbst zu staunen. Das geschieht nicht nur durch das Mutterwerden. Nachdem meine große Schwester vier Kinder großgezogen und dazu noch einige Pflegekinder betreut hatte, wagte sie sich auf ungewohntes Terrain. Sie ließ sich zum Diät-Coach ausbilden. Von Selbstvermarktung und -präsentation hatte sie keine Ahnung und so war ihr erster Kurs nur schwach besucht. Sie hätte an jedem Punkt aufgeben und etwas anderes anfangen können. Sie ignorierte den inneren, motzenden Schweinehund und machte weiter. Tag für Tag für Tag. Sie lernte dazu, ihre Teilnehmer verkündeten die frohe Botschaft ihrer Gewichtabnahme und die Kurse füllten sich zusehends. Vielleicht ist sie nicht der typische Diät-Coach. Aber sie ist echt und begeistert und am Gegenüber interessiert. Mit ihrer Persönlichkeit schenkt sie ihren Teilnehmern mehr Nahrung, als es eine Kühltruhe voller Eisbecher je könnte.

Ich beobachte immer wieder, dass Gott uns Frauen mit einer ganz besonderen Fähigkeit bevollmächtigt, andere und uns selbst zu nähren. Das fängt praktisch beim Stillen, Kochen und Backen an. Aber es ist noch so viel mehr: lieben, zuhören, Beziehungen leben, singen, predigen, lehren, pflegen, malen, trainieren, bauen, erzählen.

Eine Freundin kann so lehren, dass ich jedes Mal ein Aha-Erlebnis habe. Noch eine Freundin hört zu, ich meine, sie hört richtig zu, und ich gehe jedes Mal mit einer Riesenportion Ermutigung von ihr weg. Die Bilder der Malerin Frida Kahlo begleiten mich schon mein halbes Leben. Die Lieder einer Freundin drücken immer das aus, wozu mir die Worte fehlen. Die Schriftstellerin Donna Tartt hat mir mit ihren Büchern einige der schönsten Stunden beschert und meine Lust an Worten gestillt. Eine Bekannte hat immer eine offene Tür, durch die vor allem vernachlässigte Kinder aus dem Viertel ein- und ausgehen. Eine Bloggerin erfrischt meine Seele mit ihren Bildern und inspiriert mich immer wieder dazu, Neues auszuprobieren.

Ja, ich muss mein Frausein dieser Tage neu durchbuchstabieren. Ich bin dankbar, dass unsere Definition nicht auf schön, erfolgreich und lieb begrenzt ist. Sondern dass dieser Gott, der vor Kreativität und Liebe zu uns Menschen schier explodiert, uns Frauen mit einem Reichtum füllt, von dem wir uns in jedem neuen Lebensabschnitt überraschen lassen dürfen.

> Ich bin dankbar, dass unsere Definition nicht auf schön, erfolgreich und lieb begrenzt ist.

Himbeer-Prosecco

Lade doch mal einen Schwung Freundinnen zu dir nach Hause ein. Während ihr am Esstisch oder im Garten sitzt, beobachte, was du an ihnen besonders schätzt. Sag es ihnen! Dazu passt natürlich „Mädels-Brause".

Zutaten (für 4 Gläser)

- 150 g Himbeeren
  (frisch oder tiefgefroren)
- 750 ml kalten Prosecco
- 4 TL Himbeersirup
- Minze zum Garnieren

ie Gläser zur Hälfte mit gekühltem Prosecco füllen. Mit Himbeersirup und Himbeeren auffüllen. (Gefrorene Himbeeren nicht auftauen!) Mit Minze garniert servieren.

Liebe Kinder,
wir wollen nicht nur davon reden,
dass wir einander **lieben;**
unser Tun
soll ein

glaubwürdiger
Beweis unserer **Liebe** sein.
1. Johannes 3,18

Perfektions-Mäntel und High Heels

Unsere zwei Mädchen sind im Kindergartenalter und ich frage mich verwundert, wann und wie das passiert ist. Kopfschüttelnd und staunend stehe ich vor zwei Kindern, die schwimmen und Fahrrad fahren, sich (manchmal unter elterlichem Zwang) selbst anziehen und ohne mütterlichen Überwachungsapparat im Garten spielen. Gestern habe ich unseren knallpinken Windeleimer desinfiziert und in den Keller gestellt, in der Hoffnung, dass er bald einen neuen windelgeplagten Besitzer findet. Wir sind nicht mehr windelgeplagt – weder tagsüber noch nachts. Nochmal: Wann und vor allem wie ist das passiert?

Ich kann mich noch dunkel an die Zeiten erinnern, in denen ich schwitzend und erschöpft zwei Wickelkinder versorgte. Wenn ich in der Zeit noch ein wenig weiter zurückgehe, dann sehe ich mich mit einem Kleinkind an meiner Hand und einem Neugeborenen im Tragetuch.

Josefine war ein Schreikind. Sie kam innerhalb einer halben Stunde auf die Welt und ich glaube heute noch, dass ihr das einfach zu schnell ging. Mir auch. Wir beide sind überrumpelt worden. Sie hat das mit vier Monaten Schreien kompensiert. Ich mit Heul-Attacken. Die einzige Möglichkeit, mein Baby zufriedenzustellen, war das Tragetuch. Ich wickelte sie darin fest an mich und dankte Gott im Stillen, dass wir keinen Hochsommer hatten. Josefine fühlte sich wohl, hin- und hergeschaukelt und den Geruch von Milch und alten Spuckflecken in der Nase. Ich gewöhnte mich daran, alles mit Baby im Tragetuch zu erledigen. Essen, Mittagsschlaf, Hausarbeit, Wäsche legen, Kinderturnen. Knifflig wurde es, wenn ich Rückbildungs-Gymnastik

machen oder einfach nur im Sitzen ein Sandwich essen wollte. Josefine akzeptierte das nicht und widersprach vehement. Das bedeutete für mich: Essen im Stehen und meinen Beckenboden ignorieren. Es gibt schließlich Schlimmeres als lebenslange Inkontinenz, redete ich mir ein. Josefine nahm die Brösel auf ihrem Kopf in Kauf und mein Beckenboden interessierte sie nicht die Bohne.

Ich war aus tiefstem Herzen gerne frischgebackene Mutter. Und ich war aus tiefster Seele müde, zerschlagen und voller Angst, ob ich der Mutterschaft gewachsen wäre. Niemand hatte mich auf dieses Gefühlschaos vorbereitet. Um mich herum nahm ich plötzlich Mehrfach-Mütter wahr, die scheinbar mühelos ihren Alltag bewältigten. Die wussten, wo man sexy Still-BHs kauft und wie man Kinderwagen mit einer kleinen Fingerbewegung zusammenlegt. Mütter, die Zeit hatten, eigenen Bio-Babybrei zu kochen und mit Low Carb innerhalb von drei Monaten wieder in Form waren. Die anscheinend keine Spuren von Müdigkeit und Überforderung zeigten.

Irgendwann fing ich an, meine widersprüchlichen Gefühle mitzuteilen – auf meinem Blog, im Hauskreis, in der Krabbelgruppe. Ich musste wissen, dass ich nicht alleine war. Ich wollte endlich den Mantel der Perfektion ausziehen und mich präsentieren, wie ich wirklich war und fühlte. Andere Mütter outeten sich: wie sehr sie an sich zweifelten und Angst hatten, ihren Kindern nicht gerecht zu werden. Dass sie sie zu viel oder zu wenig lieben könnten. Dass sie sich Hilfe wünschten und verbissen versuchten, es alleine zu schaffen. Und dass sie das Gefühl haben, alle anderen Mütter wüssten genau, wie es geht.

Ich war geschockt und gleichzeitig so erleichtert: Keine von uns wusste mit Sicherheit, wie die Sache mit Babys funktioniert. Wir tasteten uns an diese Müttersache heran, manchmal mutig, oft unsicher, meistens nach dem Trial-and-Error-Prinzip.

Nach einigen Monaten war Josefine dem Tragetuch entwachsen und bewegte sich auf allen vieren flink durchs Haus. Ich beobachtete ihre Fortschritte entzückt und fühlte mich sicherer. Nur, wie ich eine Mahlzeit zubereiten sollte, mit einem klammernden Kleinkind am Bein und einem motzenden Baby im Laufstall, blieb mir ein Rätsel. Ich konnte mich dunkel an Zeiten erinnern, in denen ich leidenschaftlich gerne Rezepte gelesen, Gemüse geschnippelt, feines Olivenöl ausgesucht, gebraten, sautiert und blanchiert habe. Nun rotierte und pürierte ich nur noch. Auf den Tisch kamen ultraschnelle Mahlzeiten, die ich meistens gar nicht schmeckte, weil ich alle Hände voll mit meinen Kindern zu tun hatte.

Ich vermisste richtiges Kochen und Genuss. Aber genauso vermisste ich lange Abende mit Mann und Freunden, Wochenendtrips und meine High Heels.

Wenn mich diese Sehnsüchte überwältigten, lenkte ich meinen Blick auf meine zwei Kinder. Perspektivwechsel, richtig? Meistens schwemmte dann eine Dankbarkeitswelle die Sehnsucht nach Reisen und schicken Schuhen fort. Ich war glücklich. Aus der Form geraten und müde, aber glücklich.

Heute, nur einen gefühlten Augenblick später, trage ich manchmal wieder meine schwarzen Peep-Toes. Ich habe auch schon wieder alleine einen Städte-Trip machen können und lange Abende mit Mann und Freunden sind nichts Ungewöhnliches mehr.

Um mich herum bekommen Freundinnen weiterhin Babys. Das sorgt bei mir jedes Mal für Freudentränen. Ein neues Leben, eine neue Chance, ein weiteres Geschenk an diese Welt! Und ich fühle mit der frischgebackenen Mutter, die vielleicht in einem ähnlichen Gefühlschaos gelandet ist wie ich damals. Und die genauso wenig zum Kochen kommt. Als ich noch keine Kinder hatte, habe ich zur Geburt gerne süßen, überflüssigen Babykram verschenkt. Kuscheltiere und so. Heute verschenke ich Mahlzeiten oder eine Runde Staubsaugen, oder ich entführe die Geschwisterkinder für einen Nachmittag.

Als ich zum ersten Mal Mutter wurde, lebten wir seit wenigen Monaten in einer neuen Umgebung, ich kannte kaum jemanden und war daher ganz alleine auf mich gestellt. Ich sehnte mich nach Hilfe, nach einer freundlichen Geste. Eines der schönsten Geschenke kam von einer Nachbarin, die mit einer Schachtel Eier ihrer glücklichen Hühner und einem Blumenstrauß aus ihrem Garten an meiner Haustür klingelte. Diese Geste berührte mich tief und stieß etwas in mir an. Ich wollte für andere Mütter sorgen, und zwar auf die Weise, die am besten zu mir passt: An der Haustür einer frischgebackenen Mutter zu klingeln und ihr ohne großes Brimborium eine Lasagne und ein Brot in die Hand zu drücken. In meiner Liebessprache heißt das: Ich weiß, wie es dir geht und will dir etwas Gutes tun. Denn, meine liebe Freundin, wenn es dir gut geht, dann geht es auch deiner Familie gut. Lass mich für dich kochen und verbring deine Zeit lieber damit, dein Baby zu bestaunen und dich zu erholen. Der Alltag muss nicht gleich wieder reibungslos funktionieren! Zieh dir den Perfektions-Mantel aus und häng ihn für eine sehr lange Zeit in die hinterste Ecke deines Schrankes. Du wirst ihn nicht mehr brauchen. Dafür darfst du irgendwann wieder deine High Heels rausholen.

Überbackene Spinat-Enchiladas
(für 3-4 Personen)

Dieses Gericht lässt sich leicht vorbereiten und einer Mama mit neugeborenem Baby vor die Tür stellen (wenn sie stillt, Zwiebel, Knoblauch und Chili weglassen!). Oder selbst essen. Denn diese Enchiladas sind unfassbar lecker!

Zutaten

- 1 kleine rote Zwiebel, fein gehackt
- 3 Zehen Knoblauch, fein gehackt
- 1 EL Olivenöl
- 2 TL Kreuzkümmel
  (optional – wer dieses Gewürz nicht mag, kann alternativ 1 TL geriebene Muskatnuss nehmen)
- 1/2 TL Chilipulver (optional)
- Salz
- Pfeffer
- 280 g Spinat (am besten frischen!)
- 200 g Ricotta
- 100 g saure Sahne

- 230 g geriebenen Käse
  (Cheddar oder Gouda)
- 6 Tortillas

Für die Soße:
- 500 g passierte Tomaten
- 2 Zehen Knoblauch
- 1 Chilischote (optional)
- Salz/Pfeffer
- Saft einer Limette
- Zucker
- Frischer Koriander

Olivenöl bei mittlerer Stufe erhitzen. Zwiebel und Knoblauch zusammen mit dem Kreuzkümmel anschwitzen. Wenn sie glasig geworden sind, den Spinat dazugeben. Umrühren, fünf Minuten über schwacher Hitze dünsten. Vom Herd nehmen, Ricotta und saure Sahne dazugeben. Mit Gewürzen abschmecken.

Für die Soße die Chilischote längs halbieren und entkernen, dann fein hacken. Die passierten Tomaten, die Chilischote und den gepressten Knoblauch in einem Topf erhitzen, dabei ab und zu rühren. Ca. 15 Minuten lang köcheln lassen, dann mit Salz, Pfeffer, Zucker und Limettensaft abschmecken. Zum Schluss den gehackten Koriander dazugeben.

In die Mitte der Tortillas die Füllung geben, mit der Hälfte des Käses bestreuen und zusammengerollt in eine mit Öl ausgepinselte Auflaufform legen. Die Soße gleichmäßig über den Tortillas verteilen und mit dem restlichen Käse bestreuen. Im vorgeheizten Backofen bei 180 °C (Ober-/Unterhitze) ca. 25 Minuten backen.

Weil Gott so
gnädig ist,
hat er euch
durch den
Glauben gerettet.
Und das ist nicht euer
eigenes Verdienst;
es ist ein
Geschenk Gottes.
Epheser 2,8

Unglamourös

Die Tür knallt ins Schloss. Plötzliche Stille. Die Kinder machen sich auf den Weg in den Kindergarten. Mit einem wohligen Seufzer sinke ich auf die Couch, öffne meinen Laptop, um ein paar Zeilen zu schreiben. Aber da blinkt mein Browser, wie ein Magnet zieht er mich an und ich kann nicht anders. Ich überfliege zunächst meine sozialen Netzwerke. Dort scheine ich nichts verpasst zu haben. Es sei denn, ich stehe unheimlich auf drittklassige Zitate, Einladungen zu dubiosen Spielen und Selfies. Dann vertiefe ich mich in neue Einträge meiner Lieblings-Blogs. Bei Pinterest schaue ich auch noch vorbei.

Ich befinde mich auf dem Karussell der glatt gebügelten Life-Style-Glamour-Blogs und es dreht sich immer schneller: köstlich verzierte Cupcakes und Deko aus Vintage-Milchkannen. Ethno-Teppiche und Instagram-Filter. Dreistöckige Disney-Kindergeburtstags-Torten und hippe Rindsleder-Couch. Übungen für einen Damen-Waschbrettbauch und Modetipps für Hipster-Mütter.

> **Es war wahrhaftig kein glamouröser Moment voller Elternruhm, sondern ein Moment der Echtheit.**

Mir wird schwindlig, ich steige aus. Ich bin nicht mehr inspiriert, sondern frustriert. Mit meinen glasurfreien Alltags-Muffins, Wiesenblumen in Einmachgläsern, durchgesessenem Sofa, Old-School-Kindergeburtstagen und Bäuchlein stinke ich total gegen die Online-Glamour-Welt ab. Da ist er wieder: der Gärungsprozess meiner Unzufriedenheit. Es gärt und brodelt in mir und am Ende mache ich alles nieder, was ich eigentlich gerne hab: meine Muffins und Wiesenblumendeko und die geschichtsträchtige Couch und unsere schlichten Geburtstage und meinen Körper. Ich vergleiche mich. Und möchte sofort alles Wertvolle in meinem Leben eintauschen gegen etwas vermeintlich Besseres und noch Wertvolleres.

Warum schaffe ich es nicht, mein Leben mit ein bisschen mehr Glamour aufzupolieren? Und wie schaffen das die anderen (Internet-)Frauen, ohne ihren Verstand und die gute Laune zu verlieren? Wenn ich nur einen Tag lang meine Energie in eine aufpolierte Version meines Selbst, meiner Wohnung, meines Essens, meiner Kinder stecken würde, ich würde abends vor Erschöpfung weinend und um mich schlagend ins Bett fallen.

Ich glaube, wir alle träumen heimlich von einer aufpolierten Version unserer Person. Wir wünschen uns, anders und besser wahrgenommen zu werden, als wir eigentlich sind. Wenn ich einen Blogeintrag schreibe oder Fotos meines letzten Shootings auf meine Homepage stelle, muss ich die Leser nicht wissen lassen, dass ich fünf Minuten vorher meinen Mann angemotzt habe und mein Küchenboden ein Schlaraffenland für Ameisen ist. Wir lassen unsere Ecken, Hässlichkeiten und Schwächen außen vor und präsentieren nur die Schnipsel unseres Lebens, die vorzeigbar sind. Als Christen ist der Druck noch höher. Was für ein Armutszeugnis, wenn ich dabei erwischt werde, wie ich meine Kinder anschreie, aus Frust zur Weinflasche greife und unerlaubte Bilder im Netz ansehe. Der Irrglaube, einer genormten Christenversion entsprechen zu müssen, führt nur dazu, noch mehr in die Heimlichkeit und Heuchelei abzugleiten.

Vor einer Weile hatten wir einige Freunde zum Lagerfeuer eingeladen. Es sollte ein schöner Abend werden, mit Stockbrot und tobenden Kindern, mit guten Gesprächen und Sternenhimmel und kaltem Bier. So war es dann auch. Die Erwachsenen waren ins Gespräch vertieft, das Bier war kalt, die ersten Sterne blitzten am Himmel auf, das

Warum schaffe ich es nicht, mein Leben mit ein bisschen mehr Glamour aufzupolieren? Und wie schaffen das die anderen (Internet-) Frauen, ohne ihren Verstand und die gute Laune zu verlieren?

Feuer knisterte und die Kinder tobten ausgelassen. Ich genoss den Augenblick und bemerkte nicht, dass unsere Große längst über ihren Müdigkeitspunkt hinweg war. Sie hatte sich emotional nicht mehr im Griff, begann Streit mit anderen Kindern und wurde mir gegenüber aufsässig. Das durfte ich natürlich nicht durchgehen lassen! Vor allem nicht vor einem Publikum! Ich wollte als konsequent und kompetent wahrgenommen werden. Aber wie das so ist mit Kindern, sie können unsere besten Absichten und Methoden blitzschnell unterwandern. Mein eigenwilliges und sehr müdes Kind entwischte mir und ich jagte sie quer durch den Garten. Kaum hatte ich sie gepackt, riss sie sich wieder los und die peinliche Jagd ging von Neuem los. Es ist leichter, einen Oktopus zu zähmen als ein sich windendes, schreiendes, tretendes Kind. Schwitzend, mit hochrotem Kopf rang ich sie schließlich ins Bad und ins Bett. Es war wahrhaftig kein glamouröser Moment voller Elternruhm, sondern ein Moment der Echtheit: „So ist es tatsächlich bei uns."

Eine Freundin, die mit ihrem Sohn tagtäglich solche Kämpfe ausfechten muss, beobachtete das Geschehen. Und am nächsten Tag schrieb sie mir: „Mir hat es gut getan zu sehen, dass nicht nur ich immer mein Kind einfangen muss. Das war befreiend."

Ich glaube nicht, dass wir einen Seelen-Striptease und eine totale Offenlegung unseres Lebens betreiben müssen. Aber wenn wir ab und zu auch die hässlichen Schnipsel herzeigen, hat das immer eine befreiende Wirkung auf andere. „So ist es tatsächlich bei uns" führt bei anderen zu „So darf es also auch bei uns sein".

Unser Haus, unsere Einrichtung, unser Garten – das ist mir alles tatsächlich wichtig. Weil es unsere Persönlichkeit widerspiegelt, uns Raum zur Entfaltung und einen sicheren Hafen schenkt. Und als Gastgeberin wünsche ich mir, dass auch unsere Gäste ein Stück dieses Gefühls abbekommen. Irrsinnigerweise fange ich deshalb schon Tage vorher an zu putzen, auch in den Ecken, die sonst nie einen Putzlappen zu Gesicht bekommen. Ich bemerke dabei die Flecken auf der Tapete, die abgenutzten Zimmertüren, die Kratzer im Parkett, die Bücher, welche unsortiert im Regal stehen. Panik macht sich in mir breit. Und ich bearbeite die Flecken, lege Teppiche über die Kratzer und sortiere meine Bücher nach Alphabet. Oder hätte ich sie doch besser nach Autor oder Thema ordnen sollen?

Ich zerbreche mir den Kopf, was ich kochen und backen werde. Das ist der Punkt, der mir eigentlich am meisten Freude bereitet. Aber dann übertreibe ich doch wieder, denn ich will auch die Mahlzeiten und den Kuchen und die Drinks und die Tischdeko perfekt haben. Und wenn dann der Gast – der nicht ahnt, welche Mühe er verursacht hat – an der Haustür klingelt, drehe ich durch: „Die Cupcakes sind noch nicht verziert! Blumen müssen noch auf den Tisch! Armin hat die Milch für unsere Cappuccinos noch nicht aufgeschäumt!" (Ich habe jetzt ein wenig übertrieben – ich bin nicht ganz so zwanghaft.)

Aber wenn ich nur diese glatt polierte Seite meines Lebens präsentiere, dann heiße ich unseren Gast nicht in unserem sicheren Hafen, sondern in der Luxus-Lounge eines unpersönlichen Kreuzfahrtschiffes willkommen.

Ein sicherer Hafen, Raum zur Entfaltung – das sind Lebensräume, in denen wir einander zugewandt sind, wo Echtheit herrscht. Wiesenblumen und dreckige Gummistiefel auf der Treppe zeugen von viel Zeit, dir wir draußen in der Natur verbringen. Eine durchgesessene Couch mit einem bunten Sammelsurium an Kissen aus aller Welt sind Beweis für unsere Geselligkeit und Reiselust. Alltags-Muffins und Old-School-Kindergeburtstage weisen auf Zwanglosigkeit hin. Stiftspuren auf dem Tisch, Kinderbildergalerien, Kekskrümel und übermüdete Kinder am Lagerfeuer zeugen von einem gefüllten und kreativen Leben.

Ich wünsche mir mehr Mut. Mut, zu uns selbst zu stehen. Zu unseren Kindern zu stehen. Zu unserem Zuhause zu stehen. Zu unseren unglamourösesten Momenten zu stehen. ●

> Aber wenn ich nur diese glatt polierte Seite meines Lebens präsentiere, dann heiße ich unseren Gast nicht in unserem sicheren Hafen, sondern in der Luxus-Lounge eines unpersönlichen Kreuzfahrtschiffes willkommen.

Meine völlig unglamourösen
Alltags-Muffins
(8-10 Stück)

Diese Muffins sind „pipifax", wie es meine Töchter gerne ausdrücken. Selbst sie beherrschen das Rezept schon halbwegs mit meiner Unterstützung. Wenn es schnell gehen muss, wenn die Fülle an Beeren aus dem Garten nicht abreißt, wenn wir Lust auf Süßes bekommen – dann enttäuscht dieses Rezept nie.

Zutaten

- 240 ml Kokosöl oder geschmolzene Butter
- 80 ml Honig, Agavendicksaft oder Ahornsirup
- 2 Eier
- 120 g weißes Mehl
- 120 g Vollkornmehl
- 1 Päckchen Vanillezucker
- 1 TL Backpulver
- 1 Prise Salz
- 150 g Beeren (frisch oder tiefgekühlt)

Mehl, Vanillezucker, Backpulver und Salz in einer Schüssel vermengen. Öl, Honig und Eier in einer zweiten Schüssel mischen. Die Mehlmischung dazugeben, nur ganz kurz verrühren (ich mache das ohne Küchenmaschine, nur mit einem Rührlöffel). Die Beeren vorsichtig unterheben. Im vorgeheizten Backofen 20 Minuten bei 180 °C (Ober-/Unterhitze) backen. Wer die Muffins gerne süßer möchte, kann sie vor dem Backen mit braunem Zucker bestreuen.

Lass dir
keinen einzigen
Freudentag
entgehen!
Wenn du zu etwas
Lust hast
und es recht ist,
dann tu es!
Sirach 14,14 (GNB)

Sommer

"Mama, ich hab mir die Knie aufgeschlagen!" Ich muss trotz der Schmerzensschreie meiner Tochter lächeln. Der Sommer ist da. Unverkennbar. Und mit ihm blutige Knie und Kinderjauchzen am Pool, der Duft nach Sonnencreme und Grillgerichten, Mückenstiche und lange Abende im Freien, Arbeit im Garten und eimerweise Kirschen von Freunden. Meine sonstige Routine ist erlahmt. Ich komme kaum zum Schreiben oder Bibellesen oder Aufräumen. Und vielleicht soll ich das auch gar nicht. Vielleicht ist Sommer die Zeit, in der ich meine Gangart ändere, das Leben aufsauge. Er ist flüchtig, wie ein Glühwürmchen, das flackernd durch unseren Garten tanzt und das ich versuche zu erhaschen. Im übernächsten Moment ist es bereits an mir vorübergetanzt und wird von der Dunkelheit verschluckt. Ich bleibe still stehen und freue mich an dieser flüchtigen Szene. So ist der Sommer: Er liefert uns wie das kapriziöse Glühwürmchen ein kurzes, fulminantes Schauspiel. Ich kann ihn nicht auf später vertrösten, weil ich noch so viel zu tun habe. Dann ist er bereits vorübergetanzt. Andererseits ist das auch die nervige Seite des Sommers. Immer dieser Druck, dass ich jetzt etwas unternehmen muss, denn es ist ja schließlich schön draußen und nur Loser verbringen ihre Zeit im Haus. Vielleicht

> Ich glaube, wir sind oft so sehr mit unserem Leben, unseren Jobs, unserer Selbst-Optimierung beschäftigt, dass unser Blick für die Schönheit um uns herum getrübt ist.

ist deshalb der Herbst meine Lieblings-Jahreszeit, denn da ist es völlig legitim, mit einem Buch in einem Deckenberg auf der Couch zu versinken. Ohne dass ein perfekter Sommertag einem das Stubenhocken vermiesen könnte.

Wenn ich nachrechne, werde ich panisch. Nur noch sieben Wochen bis zum Herbstanfang! Und dabei waren wir bisher nur zweimal im Schwimmbad. Den Grill haben wir noch gar nicht rausgeholt! Ein Open-Air-Konzert? Das habe ich zum letzten Mal vor 13 Jahren besucht.

Manchmal wünschte ich mir, wir hätten irgendwo an einem ruhigen See ein Ferienhäuschen. Marke Schweden. Mit Ruderboot, Blaubeeren und ganz viel wohligem Bullerbü-Gefühl. Ich glaube, dann würde der Sommer wie zäher Honig dahinfließen, ein Tag in den anderen. Langsam, bedächtig. Wie die Sommer meiner Kindheit, die sich wie ein unendliches und verlockendes Band vor mir ausbreiteten.

Ich bin dankbar, dass ich in einem Breitengrad mit unterschiedlichen Jahreszeiten lebe. Die ersten warmen Tage im Frühjahr und die zarten Blüten deuten bereits das Crescendo zum Sommer hin an. Die Spargel- und Erdbeersaison ist der erste gewaltige Paukenschlag und dann folgen im schnellen Staccato weitere: Beeren, Melonen, Kirschen, Gurken, Zucchini, Tomaten, Äpfel. Wir werden auf diesem Höhepunkt überschüttet mit Freundlichkeit, Sonnenschein, Vogelgesang, Hummelbrummen, Freiheitsgefühl.

Der Sommer ist ein flüchtiges Vergnügen, und deshalb will ich in ihm verweilen und mein Hamsterrad anhalten. Ich glaube, wir sind oft so sehr mit unserem Leben, unseren Jobs, unserer Selbst-Optimierung beschäftigt, dass unser Blick für die Schönheit um uns herum getrübt ist. Wie eine Brille, die beschlagen ist. Seit ich Kinder habe, bin ich gezwungen, diese Brille öfter abzunehmen, mich umzuschauen. Mir werden kleine Patschehändchen mit Grashüpfern und schlappen Margeriten entgegengestreckt. Meine Kinder verstecken sich in Bäumen, träumen dort von Feen und Helden, und betteln darum, ein Lagerfeuer machen zu dürfen. All die alten Kindheitsfreuden, die von langweiligen Erwachsenen-Verpflichtungen verdrängt wurden, dringen an die Oberfläche meines Bewusstseins. Und wir machen Lagerfeuer, grillen Marshmallows, zelten im Garten, spucken Wassermelonenkerne aus, machen Wasserschlachten, beobachten Wolken und fallen abends mit einer tiefen und zufriedenen Müdigkeit ins Bett.

Manchmal beschleicht mich an solchen Tagen eine bohrende Unruhe und mein innerer Antreiber flüstert mir zu: „Du hättest doch Besseres zu tun. Weißt du nicht, wie viel Arbeit auf dich wartet? Die Bügelwäsche? Das angefangene Fotoprojekt? Die unbeantworteten E-Mails? Der Staub auf den Küchenschränken?" Wenn ich dem Antreiber nachgebe und mich in die Arbeit stürze, dann schaue ich am Ende mit müden Augen auf und wundere mich, dass der Sommer bereits vorbei ist und ich alles verpasst habe, was mir viel wichtiger gewesen wäre als E-Mails und Staub.

Ich möchte eintauchen in diesen Sommer, den Laptop und die Wäscheschränke zuklappen

und so viel Zeit wie möglich an und um unseren Gartentisch herum verbringen. Die sorglosen, langen Tage sind wie geschaffen dafür, vernachlässigte Freundschaften aufzufrischen und die Gartentür für Nachbarn zu öffnen. Oder um heiße Nachmittage im Biergarten ausklingen zu lassen.

Diesen Sommer drängen aber auch Sorgen an die Oberfläche. Sorge darum, ob wir eventuell umziehen müssen. Sorge um ein Familienmitglied. Sorge um eine Freundin. Das lässt sich nicht mit Zwangsoptimismus weglächeln. Und es gibt Momente, in denen mein Herz so schwer ist, dass ich es zu Gott trage und mich von ihm trösten lasse. Oft denken wir: Entweder läuft alles prima in meinem Leben und dann kann ich es auch genießen. Oder die Sorgen und Nöte sind derart vorherrschend, dass ich mir jeden Genuss und jede Freude verbiete. Aber je mehr ich darüber nachdenke, desto klarer wird mir, dass es nur selten ein Entweder-Oder gibt. Und dass selbst irgendwo in Traurigkeit ein Glück verborgen sein kann, wenn wir uns selbst die Erlaubnis erteilen, es zu sehen. Sorge darf neben Lebensglück stehen. Traurigkeit neben Freudenausbrüchen. Ich darf jedes widersprüchliche Gefühl wahr- und annehmen.

Noch habe ich sieben Wochen Sommer. Alles, was mich bedrängt, lege ich während dieser Zeit in eine gedankliche Aufbewahrungsbox, und wenn ich es in zwei Monaten wieder herausnehmen will, ist es vielleicht schon gar nicht mehr da. Und vielleicht wird mich ein Sommer voller Genuss und Erholung und Freundlichkeit und innerer Freiheit so verändert haben, dass die Sorgen nicht mehr so schwer wiegen.

Was sicherlich noch da sein wird, sind Bügelwäsche und E-Mails und Staub und angefangene Projekte. Wie gut, denn sonst würde ich mich an dunklen Novembertagen schrecklich langweilen.

Wassermelonen-Feta-Snack

Im Sommer wollen wir uns nicht mit komplizierten Rezepten aufhalten. Und trotzdem liebe ich es, die Fülle des Sommers auch in der Küche und am Esstisch auszuschöpfen. Wassermelonen stehen ganz oben auf unserer Hitliste. Dieses simple Rezept habe ich vor vielen Jahren in Israel kennengelernt und es gehört zu meinen liebsten Sommer-Snacks. Oft ersetzt es an heißen Tagen mein Mittag- oder Abendessen.

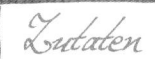

Zutaten

- 1/2 reife Wassermelone
  (die Reife erkennt man übrigens an einem hellgrün-gelblichem „Liegefleck" auf der Schale)

- 1 richtig guter Feta

Melone aufschneiden und in Scheiben schneiden. Feta würfeln. Auf einer Platte abwechselnd Melone und Feta schichten. Fertig!

Doch Jesus sagte:
„Gebt ihr ihnen zu
essen."
„Unmöglich!",
protestierten sie.
„Wir haben nur fünf
Brote und zwei Fische.
Oder erwartest du von uns, dass wir gehen und für diese
vielen Menschen
Essen kaufen?"

Lukas 9,13

Kambodscha

Es regnet draußen und für einen Juli-morgen ist es ungewöhnlich düster. Unser Tag fängt mit Streit an. Beide Kinder fordern die obere Hälfte des letzten Brötchens im Brotkorb. Das Plätschern des Regens, welches durch das offene Fenster hereindringt, wird vom Heulen und Schreien meiner zwei Kleinen übertönt. In mir dringt ein Gefühl der Wut nach oben, wie Blasen, die vom Grund aufsteigen und unaufhalt-bar an die Luft wollen. Es ist nicht die Situ-ation. Es ist die Erinnerung. Ich werde laut und meine Kinder schauen mich mit großen, entsetzten Augen an. „Das macht mich so wütend! Andere Kinder haben heute Mor-gen nichts zu essen oder sie müssen schwer arbeiten, um überhaupt etwas zu essen zu be-kommen. Ihr habt ja keine Ahnung, was da draußen in der Welt los ist! Und ihr streitet euch um eine bescheuerte Brötchenhälfte?" Bedrückte, schuldbeladene Stille. Ich bin in ein Eltern-Klischee verfallen. Aber es ist mir egal. Denn da ist diese Erinnerung. Und die wütende Hilflosigkeit.

April 2002, Siem Reap, Kambodscha

Staubige, schmutzige Hitze schon am Morgen. Ich wuchte meinen Rucksack auf das Dach eines Kleinbusses, der mich und 17 weitere Personen nach Phnom Penh transportieren soll. Der Bus ist ein solides Fabrikat, der Fah-rer macht einen weniger vertrauenswürdigen Eindruck. Klapperdürr, dreckig und sichtbar unkonzentriert. Gut, denke ich, man darf sich vom äußeren Eindruck nicht täuschen lassen. Der Fahrer riecht aber verdächtig nach einer durchzechten Kneipennacht, schwankt leicht von links nach rechts und hat Mühe, seine Augen offen zu halten. Wir Backpacker tau-schen nervöse Blicke aus. Einige Engländer, zwei nervtötende Tussis mit perfektem Ma-ke-up und gewagtem Outfit, einige Khmer und zwei nette französische Schwestern bil-den unsere Schicksalsgemeinschaft. Wir ver-lassen Siem Reap, die Stadt nahe Angkor Wat, auf holpriger Straße. Kambodscha hat angeb-lich die schlechtesten Straßen Südostasiens, so mein Reiseführer. Ich habe sorglos über diese Information hinweggelesen, aber diese Aussage bestätigt sich nun. Die Holperpiste verwandelt sich in einen kaum passierbaren Feldweg, unterbrochen von provisorischen Brücken, über die unser angetrunkener Fah-rer im Schritttempo fährt – wir holen erst wie-der kollektiv Luft, als wir drüber sind.

Einen Beinahe-Unfall und fünf nervenzer-reißende Stunden später halten wir in einem kleinen Ort vor einer Gaststätte. Wir taumeln aus dem Bus, müde, staubig. Das Make-up der Tussis hat sich mittlerweile unschön von ihren Augen auf die Wangen verschoben.

Mit den französischen Schwestern Chloe und Mailis habe ich mich während der Fahrt angefreundet. Sie sind die nützlichste und charmanteste Verbindung zwischen uns Backpackern und dem Fahrer, dem sie in regelmäßigen Abständen Energydrinks verabreichen. Dafür bin ich ihnen zutiefst dankbar.

In dem Restaurant ziehen wir wackelige Plastikstühle an einen der Tische heran und setzen uns. Der Boden besteht aus rauem Zement, die Wände sind unverputzt und die Fensteröffnungen vergittert. Aber wie so oft in Asien: Man darf von Äußerlichkeiten nie auf die Qualität des Essens schließen. Ich bestelle mir gebratenen Reis mit Gemüse, Mailis und Chloe Hühnchen. Hungrig stürze ich mich auf den Reis mit Maiskölbchen, Mini-Auberginen, Zucchini, Gurken und Tomaten und schaufele ihn gierig in mich hinein. Meine Reisegefährtinnen üben sich in feiner französischer Zurückhaltung und knabbern an den Hähnchenschenkeln. Aus den Augenwinkeln bemerke ich dünne, braune Kinderärmchen. Ich blende sie aus, denn wenn Essen vor mir steht, hört die Welt um mich herum auf zu existieren. Aber die Ärmchen wedeln verzweifelt weiter, mit Plastikbeuteln in den dreckigen Händchen. Ich lege mein Besteck zur Seite und sehe zum vergitterten Fenster. Eine Traube von kleinen, halbnackten Kindern hat sich davor versammelt, ihre aufgeblähten Bäuche herausgestreckt kämpfen alle um den besten Platz. Ihre Rufe dringen jetzt an mein Ohr: „Please Miss, please Miss, hungry!" Dieser Moment verschiebt etwas für immer in meinem Inneren. Ich starre auf meinen Plastikteller, auf den Reis, auf meine Fanta und empfinde mit einem Mal Ekel. Ekel vor meinem selbstverständlichen Wohlstand, meinem Anspruchsdenken, meiner Angst, nicht genug zu bekommen. Ich nehme den Teller, fülle den Reis in einen der mir entgegengestreckten Plastikbeutel. Die angebrochene Dose Fanta wird mir gierig aus der Hand gerissen. Chloe und Mailis trennen sich ebenfalls von ihrem Essen. In ihren bestürzten Augen lese ich die Gefühle, die mich selbst übermannen. Wir können nicht sprechen.

Wir stehen vor einem winzigen Ausschnitt der weltweiten Not, die wir nicht lösen können. Weder mit einer Mahlzeit noch mit Geld noch mit ein paar wohlmeinenden Gebeten. Wir stehen nur vor einer Frage: Warum?

Waldbach Sommer 2014

Ich stehe immer noch sprachlos vor diesem Warum. Warum bin ich so reich gesegnet mit einem immer gefüllten Kühlschrank, mit Strom und einem funktionierenden Abwasser-

> Wir stehen vor einem winzigen Ausschnitt der weltweiten Not, die wir nicht lösen können.

system, mit einem kleinen Häuschen im Grünen, mit Zugang zu Bildung und medizinischer Versorgung? Und warum andere nicht? Diese Frage quält mich immer wieder. In mir gärt ein heiliger Zorn, der Veränderung erzwingen möchte. Aber am Ende stehe ich doch hilflos vor der himmelschreienden Ungerechtigkeit dieser Welt. Ich habe mehr als nur zwei Fische und fünf Brote und schaffe es nicht zu teilen. Und dann kommt so ein Morgen oder ein Mittag, an dem meine Kinder über das Essen motzen und sich beschweren, dass sie nicht so viel Spielzeug besitzen wie das Nachbarskind. In diesen Momenten bin ich wieder in diesem kambodschanischen Restaurant und dann bricht der Zorn ungefiltert aus mir heraus.

Ja, ich kann spenden und Petitionen unterschreiben und für die Dritte Welt beten und Kleidung selbst nähen und gewisse Modemarken boykottieren und politisch korrekt leben. Das sind alles wichtige Punkte auf meiner Agenda, mit denen ich auch das Gerechtigkeitsgefühl meiner Kinder schärfen möchte. Aber die Dankbarkeit muss am Anfang allen Handelns stehen. Sie befreit mich, meine eigenen Befindlichkeiten zurückzulassen und die Bedürfnisse des anderen zu sehen. Dankbarkeit heilt Neid. Dankbarkeit heilt Bitterkeit. Dankbarkeit hilft gegen hässliche Falten.

Ich trauere darum, dass meine Kinder ihr Leben lang mit den Folgen des westlichen Überflusses und der Gier zu kämpfen haben

Dankbarkeit heilt Neid. Dankbarkeit heilt Bitterkeit. Dankbarkeit hilft gegen hässliche Falten.

werden. Genauso wie ich um die hungrigen kambodschanischen Kinder trauere. Gleichzeitig sollen meine Kinder mit einem vollen Teller keine Schuldgefühle hinunterschlucken lernen. Denn ich wünsche ihnen fast mehr als alles andere, dass sie irgendwann wirklich erkennen, was für ein unfassbares Geschenk ein voller Teller ist.

Nach meinem Zornesausbruch neulich beim Frühstück ist mir das Tischgebet ganz neu wichtig geworden. Naja, eigentlich war es mir noch nie wirklich wichtig, sondern eher lästig und peinlich. Aber ich merke, wie gut es tut, kurz innezuhalten, meine Sinne für die Dankbarkeit zu öffnen und mit einer Haltung der Wertschätzung ans Essen zu gehen.

Der nächste Tag beginnt nicht mit Streit. Die Nacht davor backte ich noch unsere Dinkelbrötchen. Während des Teigknetens in der halbdunklen Küche dankte ich Gott für Mehl und Hefe und Salz und Sonnenblumenkerne. Und für frische Brombeermarmelade, die ich vor einigen Tagen gekocht hatte.

Meine zwei Kleinen hieven sich noch verschlafen auf ihre Stühle, nippen an ihrer Milch und sehen die frischen Brötchen im Brotkorb. „Mmmmm, Mama, das sieht gut aus. Ich freu mich über das Frühstück heute!" Wie so vieles im Leben bedeutet auch die Einübung der Dankbarkeit immer zwei Schritte vor und einen Schritt zurück. Aber wir kommen voran – hoffentlich ohne Schuldgefühle, dafür aber mit dem Wissen um unsere Verantwortung. ●

Dinkelbrötchen

Getreide und Brot sind die Urform aller Nahrung. Wenn wir satt werden möchten oder andere satt machen wollen, dann greifen wir als erstes zu Brot. (Ich pfeife an dieser Stelle auf „Kohlenhydrat-Verbote" der Diät-Industrie!) Brot ist Symbol für Gemeinschaft, Gastfreundschaft, Geben. Dieses Rezept habe ich immer zur Hand, wenn kein Brot mehr im Haus ist. Meine Familie liebt die warmen Brötchen, frisch aus dem Ofen.

Zutaten (8 Stück)

- 500 g Dinkelvollkornmehl
- 1 Päckchen Trockenhefe
- 350 ml lauwarmes Wasser
- 10 g Salz
- 1 EL Ahornsirup
- 1 EL Olivenöl
- 5 EL Sonnenblumenkerne

Dinkelvollkornmehl in einer Schüssel mit der Trockenhefe mischen. Langsam das Wasser, den Ahornsirup und das Öl untermengen und den Teig einige Minuten gründlich durchkneten. Zuletzt das Salz und die Sonnenblumenkerne unterkneten.

Mit etwas Mehl bestäubt und abgedeckt ca. 1–2 Stunden an einem warmen Ort gehen lassen.

Anschließend den Teig nochmal durchkneten.

Teig in acht Teile teilen und zu Brötchen formen. Auf ein mit Backpapier ausgelegtes Backblech legen und noch einmal abgedeckt mindestens 30 Minuten gehen lassen.

Den Ofen auf 225 °C (Ober- und Unterhitze) vorheizen, anschließend die Brötchen bei 180 °C 25 bis 30 Minuten backen.

Ich meine allerdings,
dass man **besser**
dran ist,
wenn man wenig hat,
dieses aber in

Ruhe

genießen
kann,
als wenn man viel
besitzt und sich sein
Leben lang abmüht.
Das ist wie der
Versuch, **den Wind**
einzufangen.

Prediger 4,6

Mississippi

An einem Mittwochnachmittag backte ich das Lieblingsbrot meiner Familie. Herrlich saftiges Kartoffelbrot, das sogar unsere Kostverächterin Josefine nicht verweigern kann. Ein Blick auf die Uhr verriet mir, dass Amelies Schwimmtraining in einer halben Stunde beginnen würde. Jetzt war Mama-Vielseitigkeit gefragt: Rucksack packen, dunkle Augenringe überschminken, Essensreste aus den Haaren meiner Töchter pulen, Backofen ausstellen, mit Jacken, Gummistiefeln und Taschen jonglieren und den aufgeregten Flohzirkus im Auto verstauen. Nach einer weiteren Stunde war es fast geschafft. Ich föhnte fröhlich Amelies Haare, Josefine übte sich währenddessen im Gummistiefel-Weitwurf und meine Gedanken wanderten bereits zum Abendessen.

Da durchfuhr es mich wie ein heißer Blitz. Das Brot! Ich hatte den Backofen nicht ausgestellt! Wenn die Drama-Queen in mir erwacht, verfall ich in meinen fränkischen Dialekt: „Ich Debberla! Ich hab den Baggofn ned ausgschdelld!" Acht schwäbische, föhnende Mütter starrten mich entgeistert an. „MEI BROT! MEI BROT! Die Feuerwehr is beschdimmd scho da!" Jetzt starrten mich auch die Kinder mit weit aufgerissenen Augen an. Ich schmiss die Bürste weg, packte meine Kinder und galoppierte mit ihnen zum Auto. Als ich mich mit 130 km/h unserem Dorf näherte, hielt ich Ausschau nach schwarzen Rauchwolken und lauschte nach Feuerwehrsirenen. Nichts Verdächtiges war zu sehen und zu hören. Ich preschte in den Hof, ins Haus, riss keuchend die Küchentür auf. Der Backofen lächelte mich spöttisch an. Er war ausgestellt und verströmte betörenden Brotduft statt beißendem Rauch. Ich lief rot an vor Scham und Erleichterung. Das Abendessen war gerettet und meine zwei kleinen Mädchen nur geringfügig traumatisiert.

In den folgenden Wochen häuften sich Vorfälle, in denen ich Termine, Fristen und sogar fast unseren Hochzeitstag vergaß. Sehr häufig stand ich auch plötzlich im Keller, ohne zu wissen, was ich dort eigentlich wollte. Wenn man kurz vor seinem 40. Geburtstag steht, ist das wahrscheinlich normal, redete ich mir ein. So normal wie meine einsetzende Weitsichtigkeit und die explosive Vermehrung grauer Haare auf meinem Kopf.

Aber heimlich befürchtete ich, dass es überhaupt nicht normal war.

Einige Zeit nach dem Brot-Gau lasen wir für unseren Book-Club ein Kapitel über Mark Twain und sein Werk „Huckleberry Finn". Dieser Buchabschnitt ödete mich an. Er war aussageschwach, düster und beklemmend. Ich las ihn zu Ende, klappte das Buch zu und ging zum Joggen in den Wald. In mir war es auch düster und ich konnte mir nicht erklären, woher diese schweren, traurigen Gefühle kamen. Ich fing an, mit Gott zu reden. Fragte ihn, warum ich in letzter Zeit so erschöpft war, obwohl ich doch gerade die in christlichen Kreisen so oft gepriesene Fülle erlebte. Aber mir war nicht nach Jubeln zumute, sondern nach Heulen und Zähneklappern. Als ich unter den maigrünen Bäumen gedankenverloren vor mich hin trabte, sah ich plötzlich den Mississippi vor meinem inneren Auge, diesen gewaltigen Strom. Und mittendrin das kleine, rührende Floß von Huck Finn und seinem Kumpel Jim. Und dann waren die beiden verschwunden und ich saß auf dem Floß. Es war wie ein Traum, nur dass ich dabei wach war und Kalorien beim Rennen verbrannte. Ich glaube, dass Gott uns manchmal solche Bilder geben kann und dass sie nicht unbedingt etwas mit der Zukunft zu tun haben müssen („Veronika, du wirst eines Tages den Mississippi bereisen!"), sondern dass sie eine Metapher für eine Schieflage in unserem Leben sein können, in der wir nicht mehr klar sehen und denken können. Aber jetzt sah ich mich auf diesem Fluss, den ich als Metapher für mein Leben verstand. Ein Wechselbad von Trägheit und Beweglichkeit, Stillstand und Wildwasser, Überfluss und Dürre, Weite und Begrenzung.

Mein derzeitiger Lebenszustand glich einem breiten, schnell dahinfließenden Fluss, dessen Ufer ich aus der Ferne kaum noch erkennen konnte. Ich erlebte Fülle und Überfluss und ich war in Gefahr, darin zu ertrinken. Ich gestand mir ein, dass ich mich nach einem schmalen Fluss sehnte, dessen schützende Ufer in Sicht- und Reichweite liegen.

In meinem Lebensfluss schwammen zu viele Anfragen, E-Mails, Erwartungen, Pläne, Termine, Beziehungen, Verabredungen, To-Dos. Zuviel Besitz und Essen, Internet und Lärm. Kein Wunder, dass ich in dieser Weite den Überblick verloren hatte und vergesslich geworden war. Ich war immer der Überzeugung, ich müsse ein Mississippi-Girl sein und alles meistern können. Aber an diesem Morgen im Wald erkannte ich, dass mein Lebens-

fluss wesentlich kleiner sein muss. Neckar-Größe zum Beispiel.

In den folgenden Tagen ruderte ich zurück. Ich beschloss, mich in erster Linie dem Schreiben zu widmen. Mein Foto-Business legte ich vorübergehend bis auf wenige Ausnahmen auf Eis. Maximal zwei Abende in der Woche erlaubte ich mir zu verplanen. Anfragen wegen Mitarbeit in der Gemeinde lehnte ich ab. Ich mistete unsere Bücherregale aus und beschloss, mich auf die Beziehungen zu konzentrieren, die mir tatsächlich wichtig waren.

Mein Nein zu vielen Dingen erlaubte mir plötzlich ein Ja in Lebensbereichen, die in letzter Zeit gelitten hatten. Mein Weniger addierte sich auf wundersame Weise zu einem Mehr: mehr Zeit für meine Kinder. Mehr innere Gelassenheit. Mehr Gastfreundschaft. Mehr Tiefe in meinen Beziehungen. Mehr Leidenschaft und Freude. Mehr Energie und Wachheit.

Ich beobachte, dass wir Beschäftigtsein, Stress und Müdigkeit vor uns hertragen wie eine Auszeichnung. Ausgeruhte, wirklich anwesende Frauen werden misstrauisch und ein wenig neidisch beäugt. Ein Freund spottete vor Kurzem: „Du hast auch zu viel Zeit, oder?"

Ich glaube, wir Frauen sind anfällig dafür, unseren Lebensfluss zu voll zu packen. Und wenn wir christlich aufgewachsen sind, neigen wir erst recht zum Dienen mit zusammengebissenen Zähnen und einem heiligen Märtyrer-Lächeln auf den Lippen. Gott hat mir gezeigt, dass ein Fluss mit engen Begrenzungen mir die Weite gibt zu einem Dienst aus vollem Herzen und mit lautem Lachen.

Mittlerweile stehe ich jeden Tag mehr zu dem, was ich bin: ein Neckar-Girl, das manchmal den Fensterputz, aber nicht mehr das Brot im Backofen vergisst.

Kartoffelbrot

Zutaten (ergibt 2 Brote)

- 670 g mehligkochende Kartoffeln
- 4 TL Salz
- 42 g Frischhefe
- 1/8 l lauwarmes Wasser
- 2 EL Olivenöl
- 670 g Weizenmehl (evtl. mehr zum Kneten)

Die Kartoffeln mit Schale in reichlich Salzwasser ca. 30 Minuten weich kochen. Das Wasser abgießen, die Kartoffeln 5 Minuten ausdampfen lassen, schälen und mit dem Kartoffelstampfer zerkleinern. Die Hefe im lauwarmen Wasser auflösen und mit den restlichen Zutaten zu den Kartoffeln geben. Alles rasch zu einem geschmeidigen Teig verkneten. Bei Bedarf noch mehr Wasser hinzufügen. Der Teig sollte sich vom Rand lösen.

Für 1 Stunde abgedeckt bei Zimmertemperatur gehen lassen. Nach 30 Minuten einmal ziehen und falten (d.h. den Teig auf einer bemehlten Oberfläche in die Länge und Breite ziehen und danach von allen vier Seiten in die Mitte falten und zurück in die Schüssel legen). Nach dem Gehen nochmals ziehen und falten.

Den Backofen auf 230 °C (Ober-/Unterhitze) vorheizen. Ein Gefäß mit Wasser in den Ofen stellen. Den gegangenen Teig auf einer bemehlten Arbeitsfläche in zwei Portionen teilen. Daraus runde Brote formen und diese auf ein Backblech mit Backpapier legen. Nochmals für 20 Minuten abgedeckt gehen lassen. Vor dem Backen mit Wasser bepinseln.

Anschließend 10 Minuten im Ofen backen, dann die Temperatur auf 200 °C reduzieren und das Wasser entfernen. In weiteren 30 Minuten goldbraun backen. Herausnehmen und abkühlen lassen.

Der Sabbat wurde *zum* *Wohl* des Menschen gemacht und nicht der Mensch für den Sabbat.

Markus 2,27

Pläne

Laut Kalender ist noch Sommer. Aber dieser Augustmorgen verströmt einen ersten Hauch von Herbst. Spinnenfäden hangeln sich von Grashalm zu Grashalm, die Sonne sickert durch den dünnen Nebelschleier, Haselnüsse fallen mit einem leisen „Plonk" auf den Boden und ich ziehe zum ersten Mal seit Monaten wieder meinen Kapuzenpulli aus dem Schrank. Kürbissuppe erscheint erneut auf meinem Kochplan, zur Freude meiner Kinder und zum Leidwesen meines Mannes.

Vorbei sind die faulen Sommerferientage. Wir müssen uns alle wieder am Riemen reißen. Von wegen bis acht Uhr schlafen und dann bis zehn gemütlich frühstücken! Um sechs Uhr klingelt mein Wecker, ich schleppe mich im Jogginganzug (in dem ich fitness-prophylaktisch schlafe) vor den Fernseher und werde beim Hantelstemmen langsam wach. In Gedanken durchwandere ich den Tag, der vor mir liegt: Frühstück machen, Kinder in tageslichttaugliche Klamotten zwingen, dieses Buch endlich zu Ende schreiben, Klo putzen, Kochen, Einkaufen, E-Mails beantworten, Eltern anrufen, Haselnüsse ernten, abends zum Book-Club gehen. Ein letztes Mal stemme ich die Hanteln, die mittlerweile nicht mehr 5 sondern 50 Kilo zu wiegen scheinen. Dann posiere ich verschwitzt vor dem Spiegel und bin enttäuscht, dass meine Arme immer noch nicht wie die von Popeye aussehen. Eher wie die von Lieschen Müller.

Ein Rhythmus setzt sich in Gang, der mir tief in den Knochen sitzt. Ich höre innerlich die Buschtrommeln, die mich mit monotonem Takt antreiben. Selbstdisziplin fällt mir nicht schwer, ich bin immer die Frau mit einem Plan. Auch mit einem Kochplan. Sonntagabend setze ich mich an den Küchentisch und überlege, was ich die folgende Woche auf den Tisch bringen will. Ich liebe die Sonntagabende, weil das Kochplanschreiben eine meiner peinlichen heimlichen Leidenschaften ist: pralle Kochbücher und -blogs durchstöbern, Menüs zusammenstellen, mich von Bildern und Zutaten inspirieren lassen, neue Rezepte ausprobieren.

Aber schon am nächsten Tag, nach einem arbeitsreichen Vormittag, verwerfe ich den Kochplan und koche einen simplen Topf Kartoffeln, zu dem ich Brathering und Butter auf den Tisch stelle. Meine Kinder sind dafür sehr dankbar. Den Berg der geplanten Quinoa-Zucchini-Puffer hätte ich am Ende sowieso alleine essen müssen.

Ich merke, dass ich mein Kochverhalten jedem neuen Lebensabschnitt anpassen muss. Der Plan ist für mich da, nicht ich für den Plan. In den langen Sommerferien konnte ich mich aufwendigen Genüssen widmen wie zum Beispiel meiner heiß geliebten Tomaten-Zucchini-Pie und dem Butterscotch-Pudding. Aber mit einem vollen Arbeitskalender und den Kindern im Kindergarten? Da möchte ich meine rare Zeit Dingen widmen, die durch umfangreiches Hantieren in der Küche ins Hintertreffen geraten würden. Dieses Buch zu Ende schreiben. Hanteln stemmen.

Fotoaufträge abarbeiten. Dieses Haus nicht vermüllen lassen.

Wir müssen uns die Freiheit nehmen, von Zeit zu Zeit unsere gewohnten Pfade zu überprüfen. Und sie, wenn nötig, verlassen und neue Wege in ungewohnte Richtungen einschlagen. Wenn Babys geboren werden und wenn wir in ein neues Haus ziehen. Wenn wir einen neuen Job beginnen und wenn wir plötzlich unsere Eltern pflegen müssen. Wenn wir krank werden oder eine Zeit der Depression durchleben. Wenn wir alt werden oder ein Studium beginnen.

Als ich vor einigen Jahren einen ziemlich aufreibenden Job antrat, kam ich schnell an einen Punkt der völligen Erschöpfung. Das hatte aber nicht nur mit den langen Stunden bei meiner neuen, ungewohnten Arbeit zu tun, sondern vor allem mit meinen Wochenenden. Wie gewohnt füllte ich die freie Zeit mit allem aus, was mir sonst Spaß gemacht hatte und mich regenerierte. Treffen mit Freunden, Kinobesuche, Sport, Shoppen, Ausflüge, Clubs und Bars. Eine Freundin nahm mich damals zur Seite und riet mir, meine Wochenenden mit Nichtstun zu füllen. Ich schüttelte empört den Kopf, denn auf selbigen würde mir die Decke fallen, wenn ich unproduktiv auf der Couch vergammeln würde. Erst sehr viel später habe ich erkannt, wie recht diese Freundin hatte. Meine Freizeit-Aktivitäten saugten den kläglichen Rest an Kraft aus mir heraus, den die Arbeit übrig gelassen hatte. Mein Körper und mein Geist schrien eigentlich danach, sich ausruhen zu dürfen. Das Wochenende war nicht mehr für mich da, sondern ich für das Wochenende. Aber ich ignorierte die Signale, denn ich wollte so weiterleben wie gewohnt. Nach zehn Monaten wechselte ich den Job.

Der Herbst bringt einen neuen, schnelleren Rhythmus in unser Leben und ich darf meine Pläne anpassen. Mein Kochplan wird leerer und simpler. Ich plane nur noch einfache, schnelle Gerichte, ohne auf Fertiggerichte zurückgreifen zu müssen. Spiegeleier und Kartoffelbrei zum Beispiel. Oder Apfelküchlein und Kürbissuppe. Oft hilft auch der schnelle Griff in die Tiefkühltruhe. Dort warten Reste von Kräutersuppen und Tomaten-Zucchini-Pies, die unseren Tisch und unsere Bäuche nochmals mit den Genüssen des Sommers füllen.

Ich darf jeden Bereich meines Lebens mit verantwortungsvoller Freiheit gestalten. Egal ob Kindererziehung, Ernährung, Arbeits- und Freizeitgestaltung. Unsere Pläne können ein gesunder Rahmen sein, der unserem Leben Halt und Ordnung schenkt. Aber sie können ohne regelmäßige Überprüfung zum Gefängnis werden. Ein Ort der Enge, Dunkelheit, Modrigkeit.

Heute steht viel an. Also plane ich wenig Zeit in der Küche. Und die Wäsche lege ich doch lieber ungebügelt in den Schrank. Und plötzlich ist da freie Zeit, in der ich meinen Kindern ihre zerfledderten Lieblingsbücher vorlesen kann. Ich atme auf und bin glücklich über meine Entscheidung, heute keine Sklavin meiner Pläne zu sein. Morgen werde ich mich wieder neu entscheiden müssen.

> Wir müssen uns die Freiheit nehmen, von Zeit zu Zeit unsere gewohnten Pfade zu überprüfen. Und sie, wenn nötig, verlassen und neue Wege in ungewohnte Richtungen einschlagen.

Tomaten-
Zucchini-Pie

Wenn der Sommer seinen Höhepunkt erreicht hat, steht diese
Pie wöchentlich auf meinem Kochplan. So kann ich die Flut an
Zucchinis und Cherrytomaten bewältigen. Oft serviere ich sie
auch, wenn Gäste kommen. Die Reste lassen sich gut einfrieren.
Und wenn man ganz besonders fleißig sein will, kann man
jedes Mal die doppelte Menge backen und eine Pie als Sommer-
Erinnerung für den Herbst oder Winter einfrieren.

Für den Teig:
- 375 g Mehl
- 1 Prise Salz
- 200 g kalte Butter
- 1 Ei
- 6 EL Eiswasser

Für die Füllung:
- 2 EL Olivenöl
- 1 Schalotte, fein gehackt
- 1 kleine Zucchini, (längs halbiert und in Scheiben geschnitten)

- 650 g Cherrytomaten
- 60 g Parmesan, gerieben
- 125 g Mozzarella, gewürfelt
- 3 EL gehacktes Basilikum
- 1 TL geriebene Zitronenschale
- 30 g Mehl
- 1 EL Zucker
- Salz
- Pfeffer
- 1 EL Sahne
- 1 Eigelb

Mehl und Salz mischen, kalte Butter hineingeben und mit einer Gabel alles solange kräftig zerdrücken, bis eine fein-bröselige Mischung entstanden ist. Das Ei untermengen. Am Ende das Eiswasser sehr schnell mit der Gabel unterrühren, einige Male mit der Hand durchkneten, aber keinesfalls zu gründlich.

Schalotte in Olivenöl über mittlerer Hitze ca. 3 Minuten lang anschwitzen, bis sie glasig ist. Die Zucchini hinzufügen, weitere 5 Minuten braten. Gelegentlich umrühren. In eine Schüssel geben und zur Seite stellen.

Ein Drittel der Tomaten halbieren. Die halbierten und ganzen Tomaten gemeinsam mit Parmesan, Mozzarella, Basilikum, Zitronenschale, Mehl und Zucker zu den Zucchini geben. Mit Salz und Pfeffer würzen.

Den Teig auf einer bemehlten Fläche zu einem 30 cm breiten und ½ Zentimeter hohen Kreis ausrollen. Auf ein mit Backpapier ausgelegtes Backblech legen. Rundherum jeweils 8 cm weit einschneiden, sodass der Kreis am Ende 7 Klappen hat. Die Füllung in die Mitte geben und die Klappen so nach oben falten, dass eine Öffnung in der Mitte frei bleibt. 20 Minuten kalt stellen.

Den Ofen auf 190 °C (Ober-/ Unterhitze) vorheizen. Das Eigelb mit der Sahne verquirlen und die Pie damit bestreichen. Rund 45 Minuten backen, bis die Pie goldgelb ist und die Füllung blubbert.

Denn von der **Größe** und **Schönheit** der Geschöpfe lässt sich auf ihren **Schöpfer** schließen.

Weisheit 13,5 (EU)

Künstler

Vor Kurzem sagte mir eine Freundin: „Du bist ein Mensch, der zum Leben Ästhetik braucht." Ich sah sie an. Perplex. Weil ich mich nie so eingeschätzt hätte. Und weil die Aussage den Nagel auf den Kopf trifft. Alle paar Monate packt mich tatsächlich der Kunst-Rappel und ich gehe ins Museum. Heute ist es wieder soweit.

Ich stehe vor einer Bildhauerarbeit von Käthe Kollwitz. Der Turm der Mütter: angsterfüllte Kinder, umringt von verzweifelten Müttern. Sie schützen ihre Kleinen gegen einen unsichtbaren Feind, ihre Arme hoch erhoben über den Kindern. Sie pressen ihre Leiber gegen ihre Kleinen, die Gesichter der Mütter sind hart, entschlossen und bereit, ihrem eigenen Opfertod ins Auge zu sehen. Hier und da sieht man ein ausgemergeltes Kindergesicht zwischen den Frauenröcken hervorlugen.

Ich habe heute in dieser Kunsthalle schon einige Werke gesehen. Aber hier, vor dem Turm der Mütter, passiert es. Mein Pulsschlag beschleunigt sich, Tränen verschleiern meinen Blick, ich werde von einer eigenartigen Gefühlsmischung aus Schmerz, Angst und Glück überwältigt. Die Künstlerin hat ihre eigene Not über den Verlust ihres Sohnes im Ersten Weltkrieg in die Skulptur gepackt. Heute, fast 80 Jahre später, stehe ich hier und spüre, wie Mütter der Vergangenheit und der Gegenwart ein unsichtbares Band verbindet: die Bereitschaft, unsere Kinder zu schützen, komme, was wolle. Und gleichzeitig ist da die Ohnmacht über Kriege, Krankheiten und Katastrophen, die uns lähmen will. Die Skulptur

> Kunst liegt in jedem von uns. Sie schlummert in dir und mir und wartet geduldig darauf. aus ihrem Dornröschenschlaf gerissen zu werden.

75

raunt mir zu: „Fasse Mut und stell dich in den Wind. Es ist nicht immer einfach, als Mutter seine Kinder zu schützen. Aber in dir liegt mehr Stärke, als du glaubst.“

Genau das macht Kunst mit mir: Sie zerrt an Gefühlen und Wahrheiten und Sehnsüchten, die verschüttet sind und plötzlich ans Licht brechen. Kunst lässt mein ganzes Wesen kribbeln, verändert mich, fordert mich heraus, ärgert mich. Wenn ich als Kind gefragt wurde, was ich denn gerne mal werden würde, antwortete ich immer wie aus der Pistole geschossen: Künstlerin und Bäuerin! Schon früh hatte ich die Sehnsucht, etwas zu schaffen. Immer wieder griff ich zum Stift, zum Fotoapparat, zu Farben, zu Ton. Das Ergebnis war meiner Meinung nach jedes Mal so kläglich, dass ich den Mut verlor und mein Projekt mittendrin abbrach. Andere konnten es besser, meinte ich. Ich sah mir Bildbände von Dürer an, hörte Werke von Bach, las Bücher von renommierten Schriftstellern. Das war meiner Meinung nach echte Kunst. Nicht das, was ich selbst fabrizierte oder versuchte, von anderen zu kopieren. Am Ende wurde ich dann doch lieber Sekretärin. Damit war ich auf der sicheren, völlig unlustigen Seite.

Aber Kunst liegt in jedem von uns. Sie schlummert in dir und mir und wartet geduldig darauf, aus ihrem Dornröschenschlaf gerissen zu werden. In der Bibel steht, dass wir nach dem Ebenbild Gottes geschaffen sind. Gott hat anscheinend sein ganzes wildes Wesen mit seiner Vielfalt und Kreativität und Sehnsucht nach Schönheit in unsere DNA gepflanzt. Wir sind dazu befreit, alle diese Eigenschaften in uns zuzulassen. Und die sehen bei jedem anders aus. Was ich schräg finde: Wir lassen diese wilde Kreativität in uns oft nicht zu. Aus Angst, nicht gut genug zu sein. Aus Furcht, ungewohntes Terrain zu betreten. Aber der Bibel zufolge schlummert Kreativität in jedem von uns und nicht nur in einem winzigen Kreis erlauchter Künstler.

Wenn ich mir die Freiheit schenke, das zu tun, was schon immer in mir schlummerte, anklopft, herein und aufblühen will, dann bin ich auf dem Weg zur Kunst. In ehrlichen Minuten wissen wir genau, was in uns verborgen liegt und uns in Bewegung versetzen könnte. Kunst ist das, was wir tun, wenn wir zutiefst wir selbst sind. Auch wenn das Ergebnis mittelmäßig sein mag. Auch wenn wir nie berühmt, veröffentlicht oder auf einer Bühne stehen werden. Kunst ist in jedem von uns.

In einer Mutter und in einem kleinen Kind. In einer alten Bäuerin und in einem Kiosk-Besitzer. In einem australischen Eingeborenen und in einem Wall-Street-Broker. In einem Fabrikarbeiter und einem Jugendlichen mit Down-Syndrom.

Ich kenne Menschen, die Computerprogramme schreiben, mit Kindern Höhlen bauen, beim Kochen singen, ihren Balkon bepflanzen, Krebs-Patienten beim Sterben betreuen, Holz hacken, Körbe flechten, Gurken einmachen, assistieren, Hunde trainieren, mit ihren Schülern neue Spiele erfinden, Menschen bedienen, andere zum Lachen bringen, Kleidung ausbessern, Mu-

> Kunst ist das, was wir tun, wenn wir zutiefst wir selbst sind.

sikinstrumente bauen, Vögel fotografieren, Pilze sammeln, Aerobic unterrichten, Tanzen gehen, Karten schreiben, Projekte finanzieren, mit dem Fahrrad um die Welt reisen, bloggen, ein altes Haus renovieren, ein Baby in den Schlaf wiegen oder einfach nur besonders gut im Umarmen sind. Alles entspringt unserer Schaffenskraft und einem unbändigen Willen, Schönheit zu reflektieren. Gott zu reflektieren.

Seit vielen Jahren besitze ich einen Farbkasten. Ich habe ihn früher oft hervorgeholt, ein Bild zu malen begonnen und nach der Hälfte wieder weggepackt. Entmutigt. Ich hatte im Kopf schon ein fertiges Bild, aber das, was vor mir lag, war gestelzte Kritzelei. Ich versuchte etwas zu sein und zu produzieren, was ich nicht war. Jahrelang bin ich in der Bücherei an Kochbüchern vorbeigelaufen, hielt an, strich über die Buchrücken, zögerte und ging dann weiter. Entmutigt. Ich hatte Angst, dass das Ergebnis nicht meinen Erwartungen entsprechen würde. Lieber blieb ich bei Knorr und MaggiFix. Da war ich auf der enttäuschungssicheren Seite. Schreiben war ein Wunschtraum. Manchmal nahm ich in den Abendstunden Stift und Papier zur Hand und begann zu schreiben. Was ich hinterher las, war mir so peinlich, dass mir übel wurde und die gehässige Stimme in mir spottete: Das ist doch Müll. Gib es auf!

Aber ich wollte nicht aufgeben und kaufte mir eine Spiegelreflexkamera, lernte fotografieren und spürte zum ersten Mal, dass ich etwas erschaffen kann, was anderen und mir Zugang zu Schönheit und Wahrheit gibt. Ich schöpfte Hoffnung und kaufte mir ein Kochbuch, mit dem ich schon lange geliebäugelt

hatte. Die Rezepte waren einfach und gelingsicher. Ich stand in meiner kleinen Singleküche, schnippelte Kürbis, hackte Schokolade und Zitronengras, briet Knoblauch, backte Plätzchen. Fertigpackungen verschwanden nach und nach aus meinem Leben. Manchmal holte ich meine Farben und Stifte hervor und malte. Immer noch holprig, aber ich lernte, mich im Prozess zu verlieren. Es musste nicht gut sein. Die Leinwand wurde nur zur Projektionsfläche meiner Gedanken und Gefühle. Das reichte. Dann kam der Tag, an dem ich wieder mit dem Schreiben begann. Bis heute habe ich nicht mehr damit aufgehört.

Auf diesen verschlungenen Wegen bin ich oft stecken geblieben auf der Suche nach einer besseren, höheren Version meines Selbst. Statt diese zu finden (es gibt sie nicht!), habe ich die Person wiederentdeckt, die ich tatsächlich bin und schon immer war. Ich habe Schritt für Schritt den Sehnsüchten nachgegeben, die seit frühester Kindheit in mir schlummerten und die ich aus Angst weggepackt hatte: Bilder und Worte und Genuss und Schönheit auf meine Art zu schaffen.

Kunst ist das, was wir tun, wenn wir zutiefst wir selbst sind. Wir wissen eigentlich intuitiv, was wir gerne machen würden und was wir gut können. Es muss nicht wettbewerbsfähig sein und nicht der landläufigen Definition von Kunst entsprechen. Wir hinterlassen mit unserer Kunst Schönheit und Wahrheit, Spuren von Gott in uns.

So wie Käthe Kollwitz ihre Spuren hinterlassen hat, angefeuert von Schmerz und Schöpferlust. Sie hat ihre Kunst mit uns geteilt und mich damit inspiriert, meine Spuren zu hinterlassen.

Hefeklöße nach der Art meiner Großmutter

(für 4 Personen)

Ich habe meine Großmutter nicht kennengelernt. Sie ist nach der Flucht aus
Schlesien gestorben. Ihr Leben war kurz. Aber in meinen Augen ist sie eine
Heldin, weil sie das Wohl ihrer Kinder vor ihr eigenes Wohl stellte. Weil
sie eine Mutter war, die ihren Weg gegangen ist. Kunstvoll, würdevoll,
entschlossen. Es gibt wenig, was an sie erinnert. Einige Fotos, auf denen sie
vor der Flucht immer fröhlich aussieht, Akkordeon spielt, umringt ist von
ihren Kindern. Dieses Rezept ist ihre Quintessenz: „Ich mache aus wenig
viel. Bei mir bist du sicher. Es soll dir gut gehen."

- 500 g Mehl
  (ich nehme halb weißes Mehl, halb Vollkornmehl)
- 1 Prise Salz
- 1 Päckchen Trockenhefe
- 250 ml Milch
- 100 g Butter
- 2 Eier
- 1 Päckchen Vanillezucker

Mehl mit der Prise Salz, dem Zucker und der Trockenhefe mischen. Die Milch leicht erwärmen und die Butter darin schmelzen. Zusammen mit den Eiern in die Mehlmischung geben und den Teig lange und gründlich kneten.

Mit einem Tuch abdecken und an einem warmen Ort gehen lassen, bis sich der Teig verdoppelt hat. Nochmals gut durchkneten und evtl. noch etwas Mehl hinzugeben. Der Teig sollte schön weich, aber nicht klebrig sein. Mit bemehlten Händen Teigstücke abzupfen und nicht zu große Klöße drehen, die möglichst keine Risse haben sollten.

Auf ein mit Mehl bestäubtes Brett legen, abdecken und nochmals ca. 20 Minuten gehen lassen.

Den größten Topf im Küchenschrank aussuchen (am besten einen Bräter!), ca. 10 cm Wasser einfüllen und ein Küchentuch darüberspannen. Ich mache das mit Wäscheklammern und zusätzlich sichere ich das Tuch, in dem ich die Enden durch die Henkel des Topfes knote. Ich selbst habe keinen Bräter, der groß genug für diese Menge von Hefeklößen ist. Daher bereite ich einfach zwei Töpfe vor.

Die Klöße mit Abstand auf die vorbereiteten Tücher legen und mit einer Schüssel abdecken. Das Wasser zum Kochen bringen, Hitze reduzieren, sodass es nur noch leicht köchelt. Die Klöße auf diese Art ca. 20 Minuten lang dämpfen.

Bei uns gibt es nach traditioneller schlesischer Art braune Butter, Zimtzucker und Heidelbeerkompott dazu.

Book-Club

"Tschüss Schatz, bis später!" Ich kann es kaum erwarten aus der Tür zu kommen und das liegt nicht daran, dass ich froh bin, dem abendlichen Familientrubel entfliehen zu können. Okay, das sicher auch ein bisschen. Während Armin die hellwache, überdrehte Meute ins Bett ringt, tanze ich zum Auto. Es ist Book-Club-Zeit! Besondere Abende, an denen wir meistens über das aktuelle Buch reden, aber es passiert immer noch so viel mehr. Außerdem trinken wir Wein. Oder tanzen. Oder beten.

Vor einiger Zeit begann ich mit einer Blogleserin zu mailen. Ihre E-Mails waren warmherzig und ehrlich. Irgendwann bat sie mich um ein Fotoshooting mit ihrer Familie. Ich war ein wenig nervös. Was, wenn sich die warmherzige Blogleserin als nervige Stalkerin entpuppen würde? Oder als religiös irregeführte Psychopathin? Wenn sie erst einmal Zugang zu meinem Leben hätte, würde sie mich dann als Seelenschutt-Abladeplatz benutzen und mich Tag und Nacht anrufen?

Als Christina vor mir stand und ich ihr Bücherregal sah, fielen alle Bedenken von mir ab. Diese Frau mit den strahlend-warmen Augen hat nicht das Zeug zur Stalkerin. Außerdem lesen religiös irregeführte Psychopathinnen weder Henri Nouwen noch Philip Yancey. Nehme ich an. (Ich glaube, ich will mir meine Freunde nur noch anhand ihrer Bücherregale aussuchen. Haben sie keines, dann vergiss es.)

> Nach und nach trudeln die anderen ein. es gibt herzliche Begrüßungen. Lachen. Freude über den vollen Tisch.

Nach dem Shooting unternahmen wir schüchterne Versuche, eine Freundschaft aufzubauen. Einige Zeit später erzählte mir Christina von ihrer amerikanischen Freundin Sally, die mit ihrem Mann und ihren Zwillingen in der Nähe wohnt. Sie wollte einen englischen Buch-Club gründen und fragte, ob ich Lust hätte, mich ihm anzuschließen. Ob ich Lust hätte? Genauso gut hätte sie mich lapidar fragen können, ob ich Lust auf zwei Wochen Karibik verspüre. Spätestens seit dem Film „Der Jane-Austen-Club" träume ich Tag und Nacht davon! Gemeinsam mit meiner buchverrückten Freundin Chrissi sagte ich zu. Und so versammeln sich nun jeden Monat Sally, Christina, Chrissi, Markus und ich (und manchmal noch zwei weitere eingedeutschte Amerikanerinnen) in Sallys Wohnzimmer, an dessen Wänden alte Gitarren und Collagen hängen und Regale unter der Last von Büchern und Schallplatten ächzen.

Heute ist es also wieder soweit. Sally bringt gerade ihre aufgeweckten Zwillinge ins Bett, als ich durch die Tür komme. Ich bin eine notorische Pünktlichkeits-Fanatikerin, im Gegensatz zu den anderen. Sie strahlt mich trotzdem an, wie es nur Sally kann. Seit zwei Tagen ist sie aus der Toskana zurück und hat den Wohnzimmertisch mit Oliven, Käse, Schinken und Rotwein gedeckt. Daneben thront eine Schüssel mit selbst gemachter Salsa, die nur so strotzt vor Chilies, Knoblauch und frischem Koriander. Ich freue mich wie ein

Kind im Spielzeugladen und stecke mir sofort eine Olive in den Mund. Sally ist immer noch beschäftigt, aber zwischendurch steckt sie immer wieder den Kopf durch die Tür und fragt mich interessiert, wie es mir geht. Nach und nach trudeln die anderen ein, es gibt herzliche Begrüßungen, Lachen, Freude über den vollen Tisch. Aus unseren Handtaschen fischen wir das Buch, welches wir gerade lesen. Irgendein schwieriger Schinken über Shakespeare und Mark Twain, durch den wir uns quälen. Aber jedes Mal können wir einen Faden aus dem Buch aufgreifen, ihn weiterspinnen und Erkenntnisse gewinnen.

Ich freue mich an den anderen, habe sie lieb gewonnen. Wir alle kommen zu Wort, erzählen, wie es uns geht und was uns beschäftigt. Chrissi berichtet in ihrem Oxford-Englisch begeistert von einem Schauspielkurs in Wien und dass er ihr hilft, sich ihren Emotionen zu öffnen. Christina erzählt von ihren Stille-Tagen bei Freiburg. Sally fragt sich, wie sie ihre Karriere als Sängerin weiterführen soll. Und natürlich schwärmt sie von der Toskana. „Hätte ich nur eher gewusst, dass Italien so nahe liegt!"

Wie Bienen von einer Blüte zur nächsten fliegen und dabei immer satter werden, wechseln wir von einem zum nächsten Thema. Immer behutsam, sodass wirklich jeder gehört wird.

Wir reden über unsere Körper. Über das Älterwerden. Ich mache den Anfang, denn erstens stehe ich vor meinem 40. Geburtstag und zweitens habe ich in den letzten Monaten heilsame Erfahrungen gemacht. Ich weiß nicht, warum es fast 40 Jahre gedauert hat, bis ich die Wahrheit über meinen Körper gelernt habe. Aber was ich jetzt weiß, zutiefst begriffen habe, ist das: Jedes Mal, wenn ich mich selbst verurteile, erniedrige, beschäme, glaube ich einer Lüge und nicht dem, der mich gemacht hat. Das, was in meinem Körper und in meinem Geist schlummert, kann nicht zur Entfaltung kommen, solange ich mich klein mache. Die Wahrheit ist diese: Ich bin nach dem Ebenbild meines Schöpfers geschaffen. Und das ist so viel kraftvoller, vielfältiger, schillernder als das gängige Schönheitsideal. Gott will, dass wir Frauen frei werden von Selbstgeißelung und der Einschränkung, die wir durch das Kreisen um unsere Körper erleiden. An diesem Abend lehne ich mich noch weiter aus dem Fenster und behaupte, dass diese Lügen ein Werkzeug der Gegenseite sind, um uns Frauen klein, kraftlos und verängstigt zu halten.

Da sitze ich in Sallys Wohnzimmer, gemeinsam mit drei starken, eindrucksvollen Frauen und höre erschüttert, wie auch sie immer wieder mit Selbstablehnung zu kämpfen haben. Ich sehe jede Einzelne an: Drei völlig unterschiedliche Frauen, die aber jede auf ihre Weise eine Schönheit besitzen, die etwas Strahlendes und sogar Göttliches hat. Ich sage es ihnen. Ich sage es mir. Und ich bete, dass wir den Mut fassen, uns von dieser Wahrheit durchdringen und befreien zu lassen.

Gleichzeitig genießen wir im Kerzenschein das, was auf dem Tisch steht. Nicht mit Schuldbewusstsein, sondern voller Dankbarkeit für die Fülle an Genüssen, die Gott uns schenkt. Die offenbart sich in Sallys Salsa, in meinen Bananen-Schoko-Cookies, in reifem Bauernkäse, weichem Brot, salzig-zarten Oliven und kräftigem Rotwein.

Über das Buch reden wir auch. Wir klauben diese Sätze Frederick Buechners heraus, in der tiefen Hoffnung, dass sich aus diesen Worten Leben formt: „Fasse Mut, hörte ich sie sagen, sogar in den unpassendsten Momenten. Fürchte dich nicht. Sei lebendig. Sei voll Gnade. Sei menschlich. Und am unwahrscheinlichsten: Selbst wenn du nicht glauben kannst, wenn du überhaupt gar nicht glaubst, selbst wenn du vor seinem Namen zurückschreckst: sei Christus."

Christus ist greifbar an diesem Abend. In Worten, im Wein, im Brot.

Salsa

Tomatenzeit ist Salsazeit. Wenn die Tomaten im Akkord reif werden, hole ich leere Gläser aus dem Keller, kremple die Ärmel hoch und koche Salsa ein. Herrlich, wenn ich im Herbst ein Glas öffne und die Salsa mit Nachos oder Fladenbrot genieße. Ich verwende sie auch gerne als Basis für Suppen oder Soßen.

Zutaten (ergibt ca. 6-8 Gläser)

- 1,5 Kilo Tomaten, geschält, gewürfelt
- 2 rote Zwiebeln, gehackt
- 3 Chilischoten, fein gehackt
  (je nach gewünschtem Schärfegrad weniger oder mehr)
- 4 Zehen Knoblauch, sehr fein gehackt
- 1 TL Kreuzkümmel
- 2 TL Salz
- 50 g Honig
- 40 ml Limettensaft
- 1 kleines Bund Koriander, gehackt
- 180 ml Tomatenmark
- 450 ml fertige Tomatensoße

Alle Zutaten, bis auf den Koriander, in einen Topf geben. Die Mischung zum Kochen bringen und 15 Minuten lang auf kleiner Stufe köcheln. Den Koriander unterrühren. Man kann die Salsa einfrieren oder sofort in saubere Gläser füllen und fest verschließen. Sie hält sich dann ca. sechs Monate.

Der Herr
wird zwischen den
Nationen richten und
unter vielen Völkern *Recht*
sprechen.
Schwerter werden zu Pflugscharen
und Speerspitzen zu Winzermessern
umgeschmiedet werden.
Keine Nation wird mehr gegen eine andere ziehen
und sie werden nicht mehr lernen Krieg zu führen.

Jesaja, 2,4

Israel

"Wie bitte? Ihr wollt in Israel Urlaub machen?" Verstörte Freunde und Bekannte sehen uns bereits in irgendeinem Tel Aviver Bombenbunker Zuflucht suchen. Und mir selbst ist bei dem Gedanken auch nicht ganz wohl. Der Gazakrieg ist erst wenige Tage her. Mehrmals schweben meine Finger über dem Telefonhörer, um unseren Flug nach Tel Aviv zu stornieren. Aber letztendlich siegt mein störrisches Wesen. Allen Zweiflern verkünde ich vollmundig, dass bis zu unserem Reiseantritt die Unruhen vorbei sein werden. „Denkt doch nur mal an den Sechs-Tage-Krieg. Warum der wohl so genannt wurde?"

Was um Himmels Willen verschlägt uns ausgerechnet in den Nahen Osten, der dieser Tage im Chaos versinkt? Wo wir doch die letzten Jahre so treue Malle-Urlauber waren.

Unseren geplanten Urlaub stützen ein paar stärkere Argumente als nur Sonne und Strand. Ich will Freunde wiedersehen, wir wollen richtig reisen, unseren kleinen Kindern vermitteln, dass es noch andere Kulturkreise außer Schwaben und Mallorca gibt. Und sie sollen ein Gefühl dafür bekommen, in welchem Umfeld biblische Geschichten spielten. In unseren Kinderbibeln sehen alle Personen nämlich immer so europäisch-süßlich aus. Jesus war aber kein skandinavischer Hipster.

Nun sind wir schon einige Tage im Land. Wirklich mittendrin. Wir leben in einem alten und bunt gemischten Viertel Jaffas. Am einen Ende der Straße hat ein begnadeter muslimischer Koch sein Mini-Restaurant, in dem es nur Hummus gibt. Er kocht einen großen Topf voll, und wenn der leer ist, dann schließt er den Laden. Ab drei Uhr nachmittags hat er Feierabend, weil halb Tel Aviv bei ihm Mittagspause macht. Er könnte mit seinem landesweit beliebten Kichererbsenbrei richtig Karriere machen, mit Franchise-Filialen und so. Aber ich glaube, er sitzt lieber nach Feierabend mit Wasserpfeife und seinen zwölf Kindern zu Hause und bestellt sich eine Pizza. Am anderen Ende der Straße führt ein christlicher Araber sein kleines Restaurant mit palästinensischen Spezialitäten, die er nach Art seiner Mutter zubereitet und die so mysteriöse Namen tragen wie Sfiha und Knafa.

Jeden Abend dringt ein Sprachengewirr aus Hebräisch und Arabisch durch unser Fenster, begleitet von friedlichem Geschirrgeklapper.

„Ihr müsst euren Mietwagen an der Grenze stehen lassen. Wir kommen euch dort abholen." Ich will eine alte Freundin und ihre Familie wiedersehen. Aber sie wohnt in einer großen Siedlung im Westjordanland, nahe Tel Aviv. Sobald wir mit unserem Mietwagen die grüne Grenze überqueren, haben wir keinen Versicherungsschutz mehr. Die Anreise wird zu einem ausgeklügelten Manöver. Und obwohl Israelis notorisch unpünktlich und ein klitzeklein wenig unzuverlässig sind – auf meine Freundin Liron ist immer Verlass. Ich habe sie schon öfter verwundert gefragt, ob sich nicht irgendein oberkorrekter Brite oder Deutscher in ihren irakischen Stammbaum verirrt habe.

Wir warten nicht lange auf diesem staubigen Parkplatz im Niemandsland. Dror, Lirons Ehemann, hat früher Feierabend gemacht und bringt uns sicher in die Siedlung. Ich schaue aus dem Autofenster, nehme aber die arabischen Dörfer links und rechts der Straße kaum wahr. Mein Kopfkino läuft auf Hochtouren und kramt alte Erinnerungen raus: Liron und ich lernen uns auf einem australischen Campingplatz kennen. Einige Tage später nehmen wir an einer Safari durch den Kakadu-Nationalpark teil. Und dann ändere ich spontan meine Reisepläne, um mit ihr und ihrem treuen grünen Auto namens Louie durchs Outback zu fahren. Die Fahrt endet an der Ostküste. Wir werden ausgeraubt, machen einen Tauchkurs und dann trennen sich unsere Wege. Aber nicht die Verbindung, die wir in diesen intensiven Tagen aufgebaut haben.

Jetzt sehen wir uns wieder. Beide als Mütter von kleinen Kindern, beide als Ehefrauen. Sie im Westjordanland, ich in Deutschland. An diesem Abend werden wir nach orientalischer Art mit Gastfreundschaft und Essen überhäuft. Dror schneidet stolz sein saftiges Roastbeef auf, das von verschiedenen Salaten und Brot flankiert wird. Gerade als wir denken, jetzt geht nichts mehr, zaubert Liron noch einen fantastischen Bananenkuchen aus dem Ofen.

„Weißt du, was sogar noch besser als dieses Essen ist?", lacht sie. „Deine Hmmms und Ooohs und Aaaahs!" Als die Kinder alle im Bett verstaut sind, machen wir es uns auf der Terrasse bei Wein, Kaffee und Datteln gemütlich. Natürlich schwenkt unser Gespräch ganz schnell um in Richtung Politik. Mir liegt ein Trommelfeuer an Fragen auf der Zunge: „Warst du im Gazakrieg im Einsatz, Dror? Wie ging es euch während der Zeit? Seid ihr bombardiert worden? Konntest du das Geschehen

> Ich will Freunde wiedersehen, wir wollen richtig reisen, unseren kleinen Kindern vermitteln, dass es noch andere Kulturkreise außer Schwaben und Mallorca gibt.

von deinen Söhnen fernhalten? Und wenn nicht, wie bist du ihren Ängsten begegnet?" Ja, Dror war im Krieg. Obwohl er im normalen Leben Schulpsychologe ist, wird er wie alle Israelis im Kriegsfall als Reservist eingezogen. Ja, die Kinder und Liron hatten Angst. Nein, es gibt kein adäquates Mittel gegen Angst, die einem ein Leben lang im Nacken sitzt. Und wenn man in Kriegszeiten seine kleinen Kinder mit fröhlichen Spielen ablenkt, wenn man sie friedlich schlafen sieht, dann bricht es einem das Herz und den Verstand.

Ohne dass ich es anspreche, gehen unsere Freunde auch auf die Menschen im Gazastreifen ein. „Jeder Tod, egal ob auf unserer oder ihrer Seite, hat uns erschüttert. Auf jeder Seite trauern heute Abend Mütter und Väter und Brüder und Schwestern um ihre Lieben. Da ist es doch egal, ob du Israeli oder Palästinenser bist." Und doch lässt ihnen ein Leben umringt von terroristischen Vereinigungen nicht den Raum und die Freiheit, pazifistischen Idealen nachzujagen. Am Ende wollen wir alle doch immer das Leben unserer Lieben schützen.

„Wird es irgendwann ein Ende dieses Konflikts geben?" Eigentlich habe ich diese Frage an diesem warmen Abend im Westjordanland rhetorisch gestellt. Aber Dror antwortet auf seine typisch nachdenkliche Dror-Art: „Vor jedem Reservedienst bekommen wir Schulungen. Eines Tages diskutierte ein Professor mit uns ge-

> An diesem Abend werden wir nach orientalischer Art mit Gastfreundschaft und Essen überhäuft.

nau diese Frage. Er meinte, wenn man sich die Geschichte anschaue, dann könne man immer ein Muster erkennen. Und zwar zeigt sich, dass jeder Konflikt irgendwann zum Ende kommt. Egal, ob er sechs Tage oder sechshundert Jahre dauert." Es ist eine wacklige Theorie. Aber dann schaue ich in unsere kleine Runde und gebe dem Professor unter Vorbehalt recht. Ist es nicht erst siebzig Jahre her, dass zwischen unseren Völkern, den Juden und den Deutschen, ein einseitiger und hasserfüllter Konflikt herrschte?

An diesem Abend sitzen nicht nur wir vier an unserem Tisch. Im Geiste haben sich auch die irakischen Großeltern von Liron, unsere Kinder und Kindeskinder, palästinensische Mütter aus dem Gazastreifen, unsere deutschen Großeltern, junge israelische Soldaten mit in die Runde gesetzt. Mit all unserer Unterschiedlichkeit, unseren vergangenen und gegenwärtigen und zukünftigen Konflikten. Und mit unserer Sehnsucht nach Frieden.

Ich wünschte, ich könnte unseren unsichtbaren Gästen die Schüssel mit Datteln und Lirons Bananenkuchen reichen und sie nach ihren Geschichten fragen.

Vielleicht werden in siebzig oder siebenhundert Jahren hier Palästinenser und Israelis bei Tee und Gebäck zusammensitzen und die Vergangenheit diskutieren. Ich weiß nicht, ob Drors Theorie stimmt. Aber ich wünsche es mir. Ich bete dafür.

Sfiha

(ergibt ca. 14 Stück)

Wir sind daheim verrückt nach Sfiha, einer Art arabischer „Pizza". Selbst unsere sonst so wählerischen Kinder stürzen sich jedes Mal darauf (auch wenn sie mit der Aussprache der Teigfladen ihre Probleme haben).

Zutaten

Für den Belag:
- 250 g Rinder- oder Lammhackfleisch
- 1 große Zwiebel, fein gehackt
- 2 Tomaten, fein gehackt
- 3 EL Tahini (Sesampaste)
- 1 ¼ TL Salz
- 1 TL Zimt
- 1 TL gemahlener Piment
- 1 Prise Pfeffer
- 25 g gehackte Petersilie
- 1 EL Zitronensaft
- 1 EL Ahornsirup
- 1 EL gemahlener Sumach
- 50 g Pinienkerne

Für den Teig:
- 240 g Mehl
- 1 TL Salz
- 1 ½ TL Trockenhefe
- ½ TL Backpulver
- 1 EL Zucker
- 125 ml Sonnenblumenöl
- 1 Ei
- 110 ml lauwarmes Wasser

Das Mehl in einer großen Schüssel mit Salz, Hefe, Backpulver und Zucker mischen. In die Mitte eine Mulde drücken und das Öl mit dem Ei hineingeben. Anschließend unter stetigem Rühren das Wasser hinzufügen. Den Teig fünf Minuten durchkneten, bis er elastisch ist. Der Teig ist recht weich, falls er zu sehr klebt, noch etwas Mehl hinzufügen. Abgedeckt eine Stunde an einem warmen Ort gehen lassen.

In einer zweiten Schüssel die Zutaten für den Belag vermengen – bis auf die Pinienkerne.

Sobald der Teig gegangen ist, 14 Kugeln daraus formen. Zu 2mm dicken und 12 cm großen Scheiben ausrollen. Auf Backblechen verteilen und nochmals 15 Minuten lang gehen lassen.

Den Belag auf den Teigscheiben gleichmäßig verteilen. Die Pinienkerne darüberstreuen und weitere 15 Minuten gehen lassen. Anschließend die Sfihas im vorgeheizten Backofen bei 180 °C (Ober-/Unterhitze) backen, bis sie goldgelb sind. Das dauert ca. 15–18 Minuten. Man kann sie warm und auch kalt genießen.

Als mich
viele Sorgen quälten,
gab dein Trost
mir neue

Hoffnung und
Freude.

Psalm 94,19

Trost

Ich hatte mich seit Wochen auf diese Reise gefreut. Ein langes Wochenende mit der besten Freundin in Barcelona. In den letzten Jahren haben wir wenig Zeit miteinander verbracht. Sie war beruflich sehr eingespannt und arbeitete mehr als die üblichen 40 Stunden in der Woche. Nebenbei engagierte sie sich in Gemeinde und Netzwerken. Und ich hatte zwei Kinder zur Welt gebracht. Die forderten meine ganze Aufmerksamkeit, sodass nur wenige Krümel meiner Zeit und Kraft für meine Freundin übrig blieben. Trotzdem wusste ich immer, welche Art Bücher in ihrem Bücherregal stehen, was sie zum Lachen bringt und was sie in Rage versetzt. Es war die Art Freundin, bei der man nach langer Funkstille sofort wieder an ihr Leben anknüpfen konnte.

Barcelona empfing uns mit strahlender Frühlingssonne und einem rauen Wind, der vom Meer her wehte. Ich liebe die Stadt wie keine zweite und konnte es kaum erwarten, mit meiner Freundin loszuziehen, ihr meine Lieblingsplätze zu zeigen und ohne quengelnde Kinder im Schlepptau in Läden nach Schuhen und bezahlbarer Mode zu stöbern. Außerdem war da noch diese Eisdiele mit dem besten Mango-Eis der Welt. Ich hatte sie vor sieben Jahren entdeckt und war damals täglicher Gast. Die Eisdiele stand ganz oben auf meiner Agenda. Noch vor Gaudí und Gotik.

Meine Orientierungspunkte auf Reisen sind weder altehrwürdige Sehenswürdigkeiten noch Flaniermeilen, sondern Eisdielen, Imbiss-Stände und Restaurants. Eine neue Stadt, ein fremdes Land erfahre ich am liebsten mit allen Sinnen und lasse mich verführen von Klängen, Gerüchen, Farben, Aromen. Ich würde noch heute mit verbundenen Augen den besten Falafel-Stand in der Altstadt Akkos wiederfinden. Oder diesen Pralinen-Laden in Amsterdam.

Das Mango-Eis in Barcelona gab es noch. Und auch die Atmosphäre in den kleinen Gässchen war dieselbe. Es gibt Dinge, die ändern sich im Laufe von sieben Jahren nicht.

Unsere Freundschaft gehörte nicht zu diesen Dingen. Das Wochenende entwickelte sich anders als gedacht. Hinterher standen wir völlig verwundert und verwundet vor einem emotionalen Trümmerhaufen. Wenn ich genauer hingeschaut hätte, dann hätte ich merken müssen, dass sich schon seit Jahren Risse zeigten. Der Städtetrip war der Härtetest, dem unsere Freundschaft nicht standhielt.

Ich litt und weinte und wütete. Als ich mit einem schweren Herzen vom Flughafen Richtung Zuhause aufbrach, führte mich mein erstes Ziel an die Tankstelle. Dort tankte ich Super und Schokolade und Weingummis.

Während der Fahrt stopfte ich mich voll und in mir lief ständig derselbe Film ab: Happy Beginning mit uns beiden. Ich sah meine Freundin vor mir in ihrem rosa T-Shirt. Schön, stark, unsicher. Wie wir begannen, unser Leben miteinander zu teilen. Meistens übers Telefon, oft bei Besuchen. Wir legten uns offen. Innerlich zitternd vor Unsicherheit und dann immer mutiger, als das Vertrauen wuchs. Wir schulterten gemeinsam harte Zeiten und feierten die guten. Mit dem Vertrauen wuchsen auch die Erwartungen. Mit den Erwartungen kamen Enttäuschungen mit ins Spiel. Mit den Enttäuschungen Verletzungen. Risse. Wir hatten sie zu lange ignoriert. Kein Happy End.

Zu Hause schloss ich meinen Mann und meine Kinder in die Arme und wollte sie nicht mehr loslassen. Sie machten sich nach Luft japsend frei und die Kinder überhäuften mich mit selbst gebastelten Geschenken und Gänseblümchen-Sträußen. Mein angeknackstes Ego erhielt eine dringend benötigte Streicheleinheit.

Die nächsten Tage waren voll heilsamer Normalität. Ich holte meine Nähprojekte raus, spielte mit den Kindern, backte Brot, wusch Wäsche. Aber im Untergrund floss ein bitterer Strom aus Schmerz und Selbstmitleid. In den dunklen Nachtstunden, wenn ich nicht schlafen konnte, setzte ich mich an sein Ufer. Dort ließ ich meiner Trauer und meinen Gebeten freien Lauf. Zuerst betete ich wie ein zorniges Kind, dem man sein Lieblingsspielzeug kaputtgemacht hat: „Gott, das ist so unfair! Keiner liebt mich. Bitte mach alles wieder gut." Dann erinnerte ich mich daran, dass ich ja mittlerweile ein reifer und vernünftiger Christ sein sollte. Also betete ich zähneknirschend: „Ja, eventuell hab ich auch ein bisschen Schuld an der ganzen Sache. Sorry. Schenk uns beiden Heilung." Es folgte ein trotziges, hoffnungsvolles Amen.

Ich fand Trost im Gebet. Aber ganz ehrlich: Ich brauche auch greifbare Dinge, die mich trösten. Wie zum Beispiel eine Umarmung, eine unerwartete liebe E-Mail, ein Lächeln, Jim-Carrey-Filme, Suppe.

Vor einiger Zeit meinte eine gute Freundin: „Ich glaube, Gott hat dem Essen eine viel größere Bedeutung als nur reine Nahrungsaufnahme zugedacht." Das fängt schon bei der Muttermilch an. Wer schon mal ein Baby an die Brust gelegt hat, weiß, wie sich so ein weinendes, hilfloses, knallrot angelaufenes Bündel binnen Sekunden in ein zufrieden schmatzendes Baby verwandelt.

Ich selbst bin schon ein paar Jahre abgestillt, aber ich wende mich immer noch dem Essen zu, wenn ich mich weinerlich und hilflos fühle. In schlechten Zeiten geschieht das mit dem großen Servierlöffel direkt vor dem Kühlschrank. Kalte Spaghetti, Schoko-Eis, Joghurt – here I come with my Servierlöffel! Nach solch einem Gelage fühle ich mich tatsächlich kurzfristig getröstet. Bis Scham und Frust am nächsten Morgen mit voller Wucht zuschlagen. Und was tue ich dann, um Scham und Frust das Maul zu stopfen? Ich stopfe mich voll.

Aber ich kenne auch das andere Frust-Essen: eine selbst zubereitete, reichhaltige Suppe, die langsam und lange auf dem Herd vor sich hinschmurgelt und deren Duft in Risse eindringt, die das Leben so mit sich bringt. Als mich einige Tage später wieder der Freundinnen-Blues ereilte, kochte ich solch eine Trost-Suppe. Löffel um Löffel der wohl-würzigen Flüssigkeit verschwand in meinem Mund. Ich schmeckte sahnige Brühe, indische Hitze, buttrige Linsen. Ich schmeckte Trost und Hoffnung.

Diese Mahlzeit erinnerte mich daran, dass noch eine andere Suppe ausgelöffelt werden muss. Eine, die nach Scham und Schuld und Verlust schmeckt. Jesus hat diese Suppe bereits gekostet und meine Schuld geschluckt. Er reicht jetzt den Löffel an mich weiter. Was ich damit mache, weiß ich noch nicht so genau. Aber es tut gut zu wissen, dass ich diese Suppe nicht alleine auslöffeln muss.

Indische Linsensuppe
mit brauner Butter

Diese Suppe habe ich bereits dutzende Male gekocht. Meistens, wenn ich eine Aufmunterung brauchte. Braune Butter und indische Gewürze? Helfen gegen jeden Blues.

Zutaten (für 4 Personen)

- 2 EL Ghee, Butter oder Kokosöl
- 1 große Zwiebel, gehackt
- 3 Zehen Knoblauch, fein gehackt
- ½ TL Chilipulver (optional)
- 1,3 l Gemüsebrühe
- 300 g Linsen
- 3 EL Butter
- 1 EL Garam Masala
- 125 ml Kokosmilch
- Salz

Zwiebel, Knoblauch und Chili über mittlerer Hitze im Fett anschwitzen. Regelmäßig rühren und nicht braun werden lassen. Nach ca. 3 Minuten die Brühe und Linsen dazugeben. Zum Kochen bringen, Hitze reduzieren und so lange köcheln lassen, bis die Linsen weich sind.

In einem kleinen Topf die Butter über mittlerer bis hoher Hitze so lange erwärmen, bis sie anfängt braun zu werden. Sobald sie nussig und aromatisch duftet, Garam Masala dazugeben und eine Minute weiterrühren.

Wenn die Linsen gar sind, den Topf vom Herd nehmen und die Kokosmilch unterrühren. Mit Salz abschmecken und die Suppe pürieren. Zum Schluss noch die braune Butter untermengen.

Weil alles, was Gott geschaffen hat, gut ist, sollen wir nichts davon ablehnen. Wir dürfen es *dankbar annehmen.*

1. Timotheus 4,4

Einfach anfangen

Die Veganer schießen neuerdings wie Pilze aus dem Boden. Neulich eröffnete mir eine Freundin, sie lebe nun auch vegan und erzählte stolz von ihrem Sortiment aus Reismilch, Chia-Samen und Seitan. Vegan und vegetarisch leben ist hip, erklärte sie mir, während ich ein Steak aus meinem Kühlschrank nahm, um es in Kräuteröl einzulegen. Ohne schlechtes Gewissen würde ich das saftige Stück Fleisch später auf den Grill legen und es an diesem lauen Sommerabend genüsslich verzehren, während besagte Freundin an ihrem glutenfreien Sojaburger nagen würde. Wann ist die Sache mit dem Essen eigentlich kompliziert geworden?

Dabei war ich über zwanzig Jahre lang selbst strikter Vegetarier. Mit Fleisch stand ich schon als Kind auf Kriegsfuß. In unserem Dorf wurde regelmäßig ohne große Sentimentalität geschlachtet und das war immer der Startschuss für die unvermeidliche Schlachtschüssel. Unsere Nachbarn luden mich wohlmeinend ein, mich an ihren Tisch zu setzen, der unter dem Gewicht von Blut- und Leberwurst, Kesselfleisch und Innereien ächzte. Ich hielt mich nur ans Sauerkraut. Total vegan, total hip. Die Schlachtschüssel wurde nur noch von der Schlachtbrühe getoppt. Wann immer sich unsere Nachbarn mit einem Eimer dieser stinkenden Flüssigkeit unserem Haus näherten, schrien meine Geschwister und ich entsetzt auf. Meine Mutter bedankte sich höflich für das ungebetene Geschenk. Als ehemaliges Kriegskind kann sie keine Lebensmittel vernichten und so schmuggelte sie die Schlachtbrühe in unsere täglichen Mahlzeiten. Aber egal, wie geschickt sie es anstellte, unsere Geschmacksknospen entlarvten selbst die winzigste Menge.

Mit der Pubertät wandte ich mich gegen alle althergebrachten Konventionen, wie das Teenies schon seit Generationen tun. Man könnte auch sagen, ich war ein klein wenig rebellisch. Eines Tages saß ich alleine zu Hause und sah im Dritten Programm eine Live-Diskussion über den Weg der Tiere vom Mastbetrieb zur Wursttheke. Zwischendrin kamen Einspieler über die Zustände in Betrieben

> Das reaktionäre Dorfvolk sollte mal sehen, wie revolutionär ich sein konnte.

und Schlachthöfen. Ich war schockiert, und in diesem Moment fiel meine Entscheidung, für den Rest meines Lebens den Konsum von Fleisch zu verweigern. Nebenbei konnte ich in meiner rebellischen Phase mit Fleischverzicht provozieren. „Sorry" würde ich bei der Einladung zur nächsten Schlachtschüssel jetzt erwidern können, „ich bin Vegetarier". Das reaktionäre Dorfvolk sollte mal sehen, wie revolutionär ich sein konnte.

Tatsächlich fiel mir der Verzicht nicht schwer und auch meine Seele fühlte sich leichter. Ich musste mich nicht mehr mit einem schlechten Gewissen beim Verzehr von Hase, Huhn und Hirsch quälen. Die Tierwelt hatte ihre Ruhe vor mir. Als selbstbewusster Konsument unterstützte ich jetzt nur noch die Ausbeutung von polnischen Hilfsarbeitern auf den Gemüsefeldern und nicht mehr die Mastbetriebe und Schlachthöfe. Ich fühlte mich großartig.

Natürlich erntete ich viel Erstaunen und Missfallen. Meine Mutter hatte Angst, dass meine noch nicht ganz abgeschlossene körperliche Entwicklung ohne den Verzehr von Fleisch Schaden nehmen könne. Entsetzte Freunde fragten erstaunt: „Aber was isst du denn, wenn du kein Fleisch isst?"

Irgendwas zu Essen muss ich dann doch gefunden haben, denn ich habe 20 fleischlo-

se Jahre ganz gut überlebt. Keinen Tag habe ich bedauernd zurückgeblickt, Fleisch hat mir nie gefehlt. Bis zu meiner zweiten Schwangerschaft. Meine Eisenwerte waren katastrophal und mein Arzt schickte mich heim mit der Ermahnung, mehr Hülsenfrüchte und Spinat zu essen. Ich verzehrte Linsen, Bohnen und Spinat in allen Variationen und in rauen Mengen. Aber der Wert blieb davon ungerührt. Ein bohrender Appetit auf Fleisch begann an mir zu nagen. Der Dorf-Rebell in mir schüttelte dieses irritierende Gefühl ab. Ich? Fleisch? Niemals!

Dann kam der Tag, der meine Biografie radikal verändern sollte: Armin biss in ein Stück Hähnchenbrust. Sie war umhüllt von fettiger, knuspriger Haut. Sie duftete unwiderstehlich. Meine Hand schoss nach vorne, riss ihm das Stück Fleisch aus der Hand und stopfte es mit unbändiger Gier in meinen Mund. Mein Mann starrte mich fassungslos an. Entgeistert sah er zu, wie ich mir die fettigen Finger ableckte. „Ist was?", fragte ich.

Mein Körper hatte das letzte Wort. Nicht mein rebellischer Wille. Wie bei einer Diät, während der man einmal „gesündigt" hat, waren plötzlich die Schleusen geöffnet. „Jetzt ist es eh egal." Und ich futterte mich in der Schwangerschaft durch einen Berg Hähn-

> Aber mit dieser Freiheit hat er uns die Verpflichtung mit auf unsere Lebensreise gegeben, sorgsam mit seiner Schöpfung umzugehen.

chen, Würstchen und Steaks. Es war herrlich. Dann kam Josefine auf die Welt. Sie verweigert bis heute den Verzehr von Fleisch. Besonders Hähnchen findet sie widerlich. Dieser kleine Rebell verkündet regelmäßig: „Mama, ich bin ein Gitarier!"

Ich esse heute immer noch gerne Fleisch. Was mich von meinem schlechten Gewissen befreit hat, ist die Zusage Gottes, dass wir die Freiheit haben, von allem essen zu dürfen. Weil er alle Dinge zu unserem Nutzen und zu unserer Freude geschaffen hat. Pflanzen ebenso wie die Tiere, Wasser ebenso wie die Luft, Landschaften ebenso wie das Meer. Aber mit dieser Freiheit hat er uns die Verpflichtung mit auf unsere Lebensreise gegeben, sorgsam mit seiner Schöpfung umzugehen. Sie ist eine Leihgabe, die wir eines Tages zurückgeben müssen. Ich befürchte nur, dass wir sie in einem katastrophalen Zustand hinterlassen.

„Wo soll ich denn als Einzelner anfangen?", werde ich oft gefragt. „Dann müsste ich mir konsequenterweise ja auch Gedanken über mein Einkaufsverhalten bei Kleidung und Schokolade und Kaffee und Spielzeug machen!" Hinter dieser Aussage verstecken sich Ohnmacht und – wenn wir ganz ehrlich sind– auch Bequemlichkeit.

Wir können einfach anfangen. An unserem Ort, mit vielen kleinen Dingen, in unseren Küchen, an unserem Tisch.

Ja, wir müssen anfangen. Sonst machen wir uns mitschuldig. Und wir können uns hinterher nicht damit rausreden, wir hätten von nichts gewusst.

Wir können einfach anfangen. Ein afrikanisches Sprichwort lautet: „Viele kleine Leute, an vielen kleinen Orten, die viele kleine Dinge tun, können das Gesicht dieser Welt verändern." Ich glaube, dass unser Esstisch, unsere Küche, unsere Familien die Orte sind, an denen wir einfach anfangen können, das Gesicht dieser Welt zu verändern. Wenn wir mit Lust und Liebe kochen, dann wächst unser Respekt vor den Gaben, die Gott uns gibt. Wenn wir beim Bauern nebenan einkaufen, dann sehen und fühlen und verstehen wir, wohin unser Geld fließt. Wenn wir anfangen, ein klein wenig Gemüse selbst anzubauen, wächst unsere Ehrfurcht davor, wie viel Mühe und Liebe in einem Bund Möhren und einem Salatkopf stecken können. Wenn wir regionales Bio-Fleisch kaufen, dann lernen wir sehr schnell, dass ein eingeschweißtes Steak zum Dumpingpreis aus dem Supermarkt nicht gut sein kann.

Wir können einfach anfangen. An unserem Ort, mit vielen kleinen Dingen, in unseren Küchen, an unserem Tisch.

Unser Dreifach-Huhn

Bei uns bedeutet Hähnchen ein dreifaches Fest. Zunächst wandert der Vogel als Brathähnchen auf den Tisch. Die Reste verwerte ich in meinem Hühnchensalat. Aus den Hähnchenknochen koche ich zum Schluss noch eine Hühnerbrühe, die bei uns vor allem während der Erkältungszeit zum Einsatz kommt. Indem wir das Huhn komplett verwerten, zeigen wir Respekt und Dankbarkeit.

Meine Lieblings-Hühnerbrühe

Zutaten

- Reste vom Brathähnchengelage
  (Knochen, Fleisch und Haut)
- Ca. 4 l Wasser
- 1 Möhre
- 1 Zwiebel
- 1 Stange Sellerie
- 2 Zehen Knoblauch, geschält
- Salz, Pfeffer
- 1 Lorbeerblatt
- einige Zweige Thymian
- 1 Handvoll Petersilie

Alle Zutaten, bis auf das Salz, in einen Topf geben und mit Wasser auffüllen, bis alles gut bedeckt ist. Aufkochen lassen und dann die Hitze soweit reduzieren, dass es nur noch leicht köchelt. Die Brühe soll nun über 3–4 Stunden ohne Deckel langsam einkochen und damit ihre ganzen Aromen entfalten. Am Schluss noch mit Salz abschmecken und die Brühe durch ein feines Sieb gießen.

Hühnchensalat

mit getrockneten Sauerkirschen und karamellisierten Walnüssen

Zutaten

- 200 g Bio-Hähnchenfleisch
- 70 g Walnüsse, gehackt
- ca. 12 Salbeiblätter
- 25 g getr. Sauerkirschen, gehackt
- 1 EL Butter
- 1 EL Ahornsirup
- 3 EL Mayonnaise
- Salz, Pfeffer

Man kann entweder Brathähnchen-Reste verwenden oder frisches Hühnchenfleisch besorgen. Frisches Fleisch erst waschen, trocken tupfen und dann in kleine Stücke schneiden. Anschließend braten, bis es gar ist. Bei Resten vom Brathähnchen das Fleisch in kleine Stücke zerteilen und zur Seite stellen. Jetzt die Butter in einer Bratpfanne erhitzen. Sobald die Butter richtig heiß ist, die Salbeiblätter hinzufügen und ca. 2 Minuten lang braten, bis sie knusprig geworden sind. Auf einem Brett mit einer Gabel zerdrücken. Die Walnüsse in die noch heiße Pfanne geben und zwei Minuten lang rösten. Dabei immer wieder wenden. Den Ahornsirup hinzufügen und eine weitere Minute einkochen, bis er sich verdickt. Die karamellisierten Nüsse aus der Pfanne nehmen. Alle Zutaten in einer Schüssel gründlich miteinander vermengen. 1 Stunde ziehen lassen.

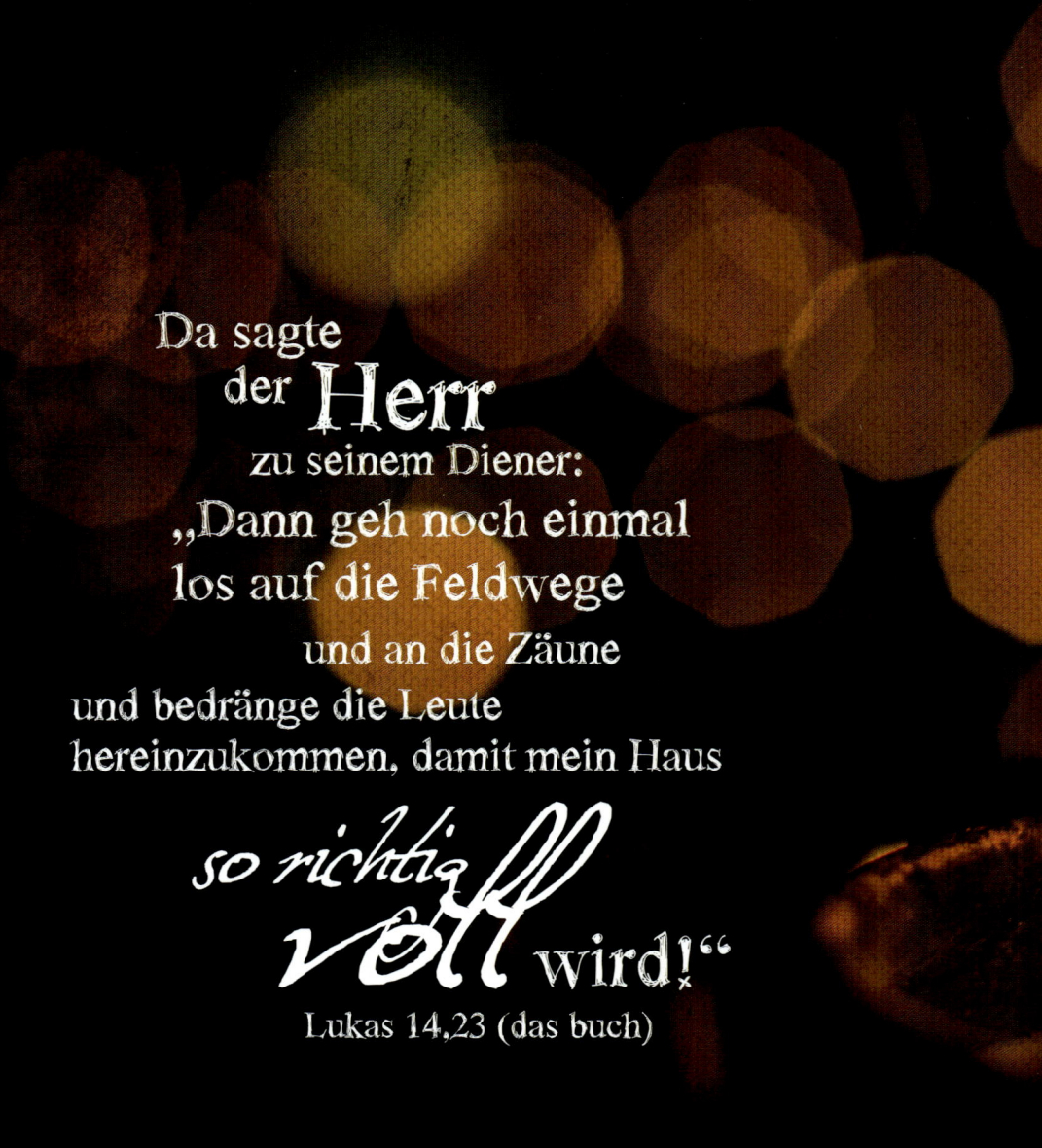

Da sagte
der **Herr**
zu seinem Diener:
„Dann geh noch einmal
los auf die Feldwege
und an die Zäune
und bedränge die Leute
hereinzukommen, damit mein Haus

so richtig
voll wird!“
Lukas 14,23 (das buch)

November und Dinnerpartys

Armer November! Er ist der traurige Außenseiter des Herbstes. September hat die goldenen Tage für sich gepachtet. Oktober hängt sich dran und Dezember ist der glitzernde Star, der alle Aufmerksamkeit für sich will. Zwischenrein gequetscht ist der düstere, langweilige November.

Ich habe eine Schwäche für Außenseiter und ich mag den November. Seine stillen, tristen Tage wecken in mir Melancholie. Und ich stehe sehr auf Melancholie. Eine Duftkerze anzünden, Tee kochen, düstere Romane lesen und das letzte matschige, nicht mehr goldene Laub zusammenharken. Sich leise sammeln, bevor ich mich gegen den Ansturm des Weihnachtswahnsinns stemme. Ich mag den November. Er macht mir Lust auf gute Schokolade. Der Dezember mit seiner Zuckerflut ist noch nicht da und hat mir noch nicht den Appetit auf gute Dinge verdorben. Der November läutet eine Reihe von Feiern ein: Wir starten langsam mit dem Geburtstag meines Mannes, dann nehmen wir Fahrt auf mit Thanksgiving, mit Schwung nehmen wir den Geburtstag meiner Jüngsten mit und den fulminanten Höhepunkt bildet mein jährlicher Pralinenstand auf einem kleinen Adventsmarkt. Mein November kommt mit seinem ganz eigenen Rhythmus daher, mit Ebbe und Flut, Rückzug und Vorpreschen. Sich sammeln und aktiv werden. Stille und Lärm. Zwischen diesen Polen bewege ich mich, wohl wissend, dass dieser Monat mir viele Schlupflöcher für Reflektion und Krimistunden bietet.

> Mein November kommt mit seinem ganz eigenen Rhythmus daher, mit Ebbe und Flut, Rückzug und Vorpreschen. Sich sammeln und aktiv werden. Stille und Lärm.

Und jede Gelegenheit, die man in eine Dinnerparty ummünzen kann, nutze ich! Also Thanksgiving. Ich stehe grundsätzlich allem kritisch gegenüber, was wir ungeprüft von den Amis übernehmen. Cola, Halloween, MTV, die intellektuelle Wüste Hollywoods, Botox und Miley Cyrus. Ausgenommen davon ist aber Thanksgiving. Und Oreo-Kekse! Erdnussbutter! Bob Dylan!

Ich liebe das Fest des Danksagens. Es ist ein Stoppschild im Alltag: Halte an. Schau dich um. Nimm wahr, was du Gutes hast. An Thanksgiving versammle ich Menschen an meinem Tisch, die ein Segen für mich sind und die ich im Gegenzug segnen möchte. Es ist mehr für mich als nur ein sentimentales Feel-Good-Fest, an dem wir Händchen halten und uns den Bauch mit Truthahn vollschlagen. Als ich geschaffen wurde, waren meine Hände leer. Seitdem bin ich immer auf meinen Schöpfer angewiesen, dass er sie füllt. Er füllt sie tatsächlich. Und er leert sie. Er fordert, dass ich meine Hände offen lasse. Oft sind sie aber zu Fäusten geballt, halten fieberhaft fest, klammern sich an Dinge, Menschen, Gefühle, Erfahrungen. Thanksgiving erinnert mich daran, loszulassen im wackligen Vertrauen darauf, dass meine Hände wieder und wieder gefüllt werden.

Es gab viele November, in denen meine Hände geleert wurden. Schlechte Noten und Versagen. Ein geliebtes Haustier, das stirbt. Burnout. Liebeskummer. Verlust. Egal, wie sehr ich meine Hände verkrampfte, durch die Lücken entglitt mir manchmal das Leben. Erst als ich lernte, sie zu öffnen und den Verlust als Teil des Lebens hinzunehmen, waren sie offen genug, um sich wieder füllen zu lassen. Offene Hände bedeuten, dass ich mich in Gott hineinsinken lasse. Im Verlust und im Gewinn. Und so feiere ich das Leben mit all seinen wunderbaren und schrecklichen Facetten an Thanksgiving.

Wenn mich der Impuls überfällt zu feiern, dann möchte ich ihm nachgeben. Wir verschieben oft das Feiern, weil unser Leben so busy, so voll ist. Wir haben unsere Hände zu Fäusten geballt, umklammern unsere diversen Listen, ballern uns mit Terminen zu, verschieben das Feiern auf später. Eine Dinnerparty, ein Brunch, ein Cocktail-Abend muss nicht zu einer zusätzlichen Belastung oder einem weiteren Tagesordnungspunkt auf unserer To-do-Liste werden. Manchmal sehen wir eine halbwegs leere Wegstrecke, einen langsameren Monat vor uns. November und Februar sind meine trüben Monate, die ich mit Feiern gerne aufhelle.

Ich möchte dir Mut machen, das Leben nicht nur irgendwie hinzunehmen, sondern es freudig und trotzig zu feiern. Eine bestandene Prüfung, der erste ausgefallene Zahn, die Rückkehr eines Freundes, der Jahrestag einer Ehe, der erste warme Tag des Jahres, eine überstandene Durststrecke, die Mitte einer Durststrecke: Das alles sind Wegmarken, die Anlass geben, die Hände weit zu öffnen und sie füllen zu lassen.

Oft werde ich gefragt, wie ich eine Dinnerparty plane. Daher hier meine unvollständigen Tipps, die nur auf eigener Erfahrung basieren. Aber sie sollen dir Mut machen, bei nächstbester Gelegenheit deine Tür zu öffnen und deinen Gästen das Beste zu geben: dich.

> Wenn mich der Impuls überfällt zu feiern, dann möchte ich ihm nachgeben. Wir verschieben oft das Feiern, weil unser Leben so busy, so voll ist.

1. Was, wenn ich ein introvertierter Typ bin und gar nicht so gerne feiere?

Ich glaube, dass die wenigsten Menschen ausschließlich introvertiert oder extrovertiert sind. Meistens sind wir Mischtypen. Ich bin auch einer. Ob ich mich gut auf eine Feier einlassen kann, steht und fällt mit den Gästen. Und wenn der Gedanke an ein Esszimmer voller Gäste dich in Panik versetzt, dann fang klein an. Mit der besten Freundin, dem Bruder, der Nachbarin …

2. Wen lade ich ein?

Bitte nur die Menschen, die du wirklich dabeihaben möchtest! Das müssen nicht immer nur die besten Freunde sein, das kann auch eine neue Nachbarin oder Kollegin sein, die du noch nicht gut kennst, aber ganz sympathisch findest. Vielleicht ist auch jemand Neues in den Ort gezogen und sucht Anschluss? Achte auf eine ausgewogene Mischung von extro- und introvertierten Menschen, damit Gespräche in Gang kommen.

3. Ich bin nicht so versiert im Kochen und Gastgeben. Wie packe ich's an?

Wenn du unsicher bist, dann hole noch jemanden mit ins Boot. Meistens plane ich meine Dinnerpartys gemeinsam mit einer Freundin. Das ist ganz praktisch, denn mit ihrer Hilfe habe ich einen erweiterten Blick auf die Planung und die Gäste. Sie hilft mir auch, die Gäste zu empfangen und zu unterhalten. Oft bringt sie jemanden mit, den ich noch nicht kenne, was ich spannend finde.

Du darfst die Gäste bitten, dass sie sich beteiligen und einen Salat, ein Dessert, einen Kuchen beisteuern. Ich selbst plane immer ein Drei-Gänge-Menü. Vorspeisen und Dessert lasse ich mitbringen und den Hauptgang koche ich selbst. Das ist sicherlich unkonventionell, entspannt mich aber ungemein, und außerdem lasse ich mich gerne von den Kochkünsten meiner Gäste überraschen.

4. Ich habe nur langweiliges Alltagsgeschirr und einen langweiligen Esstisch. Wie kann ich das für eine Party aufpeppen?

Ich habe mit der Zeit einen kleinen Fundus an Geschirr, Besteck und sonstigem Zubehör für Dinnerpartys zusammengetragen. Das war weder teuer noch aufwendig. Vielleicht haben Mutter oder Schwiegermutter das Familiensilber im Keller und brauchen es nicht mehr? Stoff-Servietten müssen nicht aus teurem Leinen sein. Ich habe simple, weiße Stoff-Servietten und werte sie mit schönen Serviettenringen auf. Manchmal binde ich nur ein bisschen Bast darum, stecke ein paar Weidenkätzchen oder Ähren hinein. Auf teure Weingläser und Porzellan verzichte ich — das entspannt, wenn mal was zu Bruch geht. Ich habe uns zum Beispiel schwere Weinkelche für wenig Geld angeschafft. Die sind robust und lassen sich leicht reinigen. Einige Platten und Schüsseln habe ich auf dem Flohmarkt gekauft und der Charme eines gedeckten Tisches liegt für mich auch darin, dass nicht alles zusammenpassen muss. Mir ist am wichtigsten, dass sich meine Gäste richtig wohl fühlen. Das klappt mit einer Mischung aus warmer Atmosphäre und entspannter Herzlichkeit: Kerzenlicht (nicht nur auf dem Tisch, sondern zum Beispiel auch im Flur, auf der Treppe), Blumen, Musik, ein Begrüßungscocktail.

Kürbis-Käse-Kuchen

Diesen Kuchen hat meine Freundin Rebecca zu einer Dinnerparty im Herbst mitgebracht. Er war der Höhepunkt des Abends auf unserem Esstisch. Noch heute schwärmen wir davon. Das perfekte Ende für eine Thanksgiving-Party.

Zutaten

Boden:
- 150 g Löffelbisquit, zerdrückt
- 60 g Butter, flüssig

Füllung:
- 250 g Kürbispüree

(am besten aus in wenig Wasser gekochtem Hokkaido)

- 1 Prise Nelken, Zimt, Muskat, Ingwer
- 800 g Frischkäse
- 125 g saure Sahne
- 200 g Zucker
- 1 Päckchen Vanillezucker
- 1 TL Speisestärke
- 4 Eier

Für den Boden die zerdrückten Kekskrümel mit der Butter vermengen und mit der Rückseite eines Löffels in eine gefettete Springform (24 oder 26 cm) drücken. Beiseitestellen.

Für die Füllung den gekochten Hokkaido pürieren, ebenfalls beiseitestellen.

In einer großen Schüssel Frischkäse, saure Sahne, Zucker, Vanillezucker, Speisestärke und Eier zu einer glatten Masse verrühren (nicht schaumig schlagen!). Die eine Hälfte der Creme in eine andere Schüssel gießen und bei-seitestellen, die andere Hälfte mit dem Kürbispüree glattrühren und mit den Gewürzen (Zimt, Nelken, Muskat, Ingwer) abschmecken. Erst die Kürbiscreme, dann die helle Frischkäsemasse vorsichtig auf den Kuchenboden gießen, nach Belieben eine Gabel durchziehen zum „Marmorieren". Bei 150 °C (Ober-/Unterhitze) etwa 50 bis 60 Minuten backen – der Kuchen soll hell bleiben! Mit kandierten Walnüssen verzieren. Am cremigsten schmeckt der Kuchen, wenn er vor dem Verzehr einen Tag durchziehen kann.

Wenn ihr
dann gegessen
habt und
*satt
seid,*
sollt ihr
den Herrn,
euren Gott,
für das gute Land,
das er euch gegeben hat,
loben.

5. Mose 8,10

Zwischenstation

Wir sind auf der Suche nach einem neuen Haus. Unsere Lage wird nämlich langsam prekär. Aus unseren handlichen Babys sind raumfordernde Kindergartenkinder geworden. Unser hellblau gefliestes Retro-Bad hat sich in eine bedrückende Gummizelle verwandelt. Und ich stelle es mir ganz nett vor, nicht mehr jeden Abend alle Duplo- und Playmobilwelten zerstören und wegräumen zu müssen, um Platz zum Laufen zu haben. Das Gefühl, wie sich auf meinen nächtlichen Kontrollgängen ins Kinderzimmer ein Legostein oder ein Playmobilschwert in die Ferse bohrt, muss ich nicht regelmäßig haben. Ich bin kein Mensch, der Schmerzensschreie gut unterdrücken kann. Dafür ist mein Drama-Gen zu ausgeprägt.

Halbherzig machen sich mein Mann und ich auf die Suche. Wir schrecken noch ein wenig vor dem Gedanken zurück, tatsächlich Hausbesitzer zu werden. Bisher waren wir glücklich-sorglose Mieter. Rollladen, Regenrinne und Rohre defekt? Das wird (irgendwann) repariert und unser Konto frohlockt, weil es nichts damit zu tun hat. Außerdem kann ich nachts noch ruhig schlafen, da wir schuldenfrei leben.

Als ich mit unserer ersten Tochter schwanger war, lebten wir in einer kleinen Dachwohnung in einem 20-Parteien-Haus. Damals schauten wir uns einige Mietobjekte an. Darunter auch ein Reihenmittelhaus, für das wir schon einen Termin zur Unterzeichnung des Mietvertrags vereinbart hatten. Am Vorabend rief uns eine Freundin an und erzählte uns von einem frei stehenden Haus im Nachbarort. Ich horchte hoffnungsvoll auf, denn ich bin eigentlich überhaupt nicht der Reihenmittelhaus-Typ (aber ich dachte, mit Kind müsse ich mich jetzt in ein

monotones Wohnsiedlungs-Leben fügen). Also schauten wir uns das Haus an. Ein hellgrüner Albtraum mit pittoresken Waschbetontrögen vor dem Eingang, ausgetretenen Linoleumböden, orange gekachelter Küche und einem Bad aus den Sechzigerjahren. Um das Haus viel Platz, ein riesiger Garten. Und mit riesig meine ich, dass da Platz für einen Gemüsegarten, Obstbäume, Feuerstelle, Sandkasten, Sitzfläche, Pool und Schaukel war. Bei optimaler Planung hätte man auch noch Trampolin, Bauwagen, Heidelbeer-Plantage und Hühnergehege reinquetschen können. Von all dem träumte ich, als ich im halbverwilderten Garten stand und mich umsah. Mein Mann schob meine wilden Pläne auf die Schwangerschaftshormone. Als wäre ich außerhalb einer Schwangerschaft ein rational denkender Mensch!

Wir sahen über die Geschmacklosigkeiten hinweg, mit denen das arme Haus verschlimmschönert worden war, und mieteten es kurzerhand. Es war alt, es war klein, es war hässlich, kurz: Es war perfekt! An unserem ersten Abend hier stand ich nachts auf dem bröckelnden Balkon und schaute in einen klaren September-Sternenhimmel. Ich lauschte der friedlichen Stille, den vereinzelten Nachtvögeln und dem neuen Leben, das in mir wuchs. In diesem Moment fiel eine Last von mir ab und ich wurde von einer Woge des Glücks erfasst. Ich war nach Jahren des Herumirrens endlich angekommen.

In diesem Haus haben wir unseren Anfang als Familie gemacht. Auf den schiefen Böden haben unsere Töchter ihre ersten Gehversuche unternommen, ich bin auf selbigen mit schreienden Säuglingen stundenlang hin- und hergewandert. Aus der orange gekachelten Küche sind zahllose Mahlzeiten auf den Tisch gewandert. Das Gästezimmer hat viele Freunde und Angehörige beherbergt. Der Garten hat uns treu mit Nüssen, Äpfeln, Pfirsichen, Zucchini und Tomaten versorgt. Viele Sommernächte haben wir mit Freunden am Lagerfeuer verbracht, während die Kinder zwischen den Nussbäumen Verstecken spielten. In diesem Haus erwachte ich aus einem Dornröschenschlaf und alles, was bis dahin in mir geschlummert hatte, wurde quicklebendig. Ich bin hier Mutter geworden und immer noch verblüfft darüber, dass ich eine Familie versorgen kann. Ich wurde zu einer leidenschaftlichen Köchin und Gastgeberin. Die Küchenkacheln werden mittlerweile von einer meterlangen Kochbücherwand verdeckt. Hier habe ich meine ersten Gehversuche als Fotografin und Autorin gemacht. Ich habe hier entdeckt, dass ich leidenschaftlich gerne nähe und dass ich zwar nur mittelmäßig, aber dafür mit umso mehr Gusto gärtnere. Ich hänge an jeder einzelnen Tulpenzwiebel, an jeder Himbeerrute und an jedem Kräuterstrauch. Bei einem Umzug werde ich sie alle ausgraben und mitnehmen! Mal sehen, was mein Mann zu diesen Plänen sagen wird. Ich sehe ihn schon verzweifelt und ungläubig den Kopf schütteln ...

Der Gedanke an einen Wegzug scheint also im Moment noch unmöglich. Außer nach anstrengenden Morgensituationen mit vier gestressten Menschen im Bad. Dann suche ich im Netz anschließend nach Häusern. Aber ich stoße immer nur auf Reihenmittelhäuser.

Die unterschiedlichsten Menschen gingen durch unsere nie ganz schließende Haustür ein und aus. Es erfüllt mich mit tiefer Zufriedenheit, dass wir hier einen Ort des Durchatmens geschaffen haben, der voller Wärme ist. Und das nicht, weil dieses Haus modernen Standards entspricht, sondern weil wir hier üben, Raum zu schaffen, in dem sich jeder wohlfühlen und wachsen darf. Ist es nicht verblüffend, dass Größe, Ausstattung und Modernität unseres Wohnraums für das Wohlbefinden weniger ausschlaggebend sind als Wärme, Nähe und Echtheit?

Das Herzstück, da, wo das Leben am heftigsten pulsiert, ist unser Esstisch. Im Sommer ist es der riesige Glastisch unter der großen Weide im Garten. In den kühleren Jahreszeiten der dunkelbraune, lange Tisch im Esszimmer. Könnten diese Möbelstücke reden, wären sie interessante Zeugen. Am liebsten würde ich alles abspeichern, was an ihnen schon geschehen ist: Feiern, schallendes Lachen, die ersten Anknüpfungsversuche neuer Freunde, geflüsterte Bekenntnisse, verzweifelte Tränen, Wutanfälle, Liebesbezeugungen, Diskussionen, das Spinnen neuer Ideen, Familientreffen, fruchtlose Erziehungsversuche. Was auf den Tisch kommt, hat ebenfalls Bedeutung, aber noch mehr Bedeutung haben die Menschen und ihre Geschichten, ihre Ideen, die hier zur Entfaltung kommen.

Wenn wir umziehen werden, dann nehmen wir diese Tische mit. Und mit ihnen auch die Erinnerungen, die daran hängen. Ich bereue keine Kaffeestunde und keine spontane Grill-Aktion, keine Dinnerparty und kein Festessen, kein Keks-Gelage mit einer Kinderschar, kein Pfannkuchenfrühstück und kein Candle-Light-Dinner mit meinem Mann. Aber was ich bereue: dass die Zeit dahinrast und ich nicht annähernd so oft Gäste eingeladen habe, wie ich es gerne getan hätte.

Alle Orte, an denen wir leben, sind ganz sicher nur Zwischenstationen. Aber das heißt nicht, dass wir die Koffer gepackt lassen und immer noch auf das Bessere warten müssen. Schaffen wir dort, wo wir gerade sind – auf Zwischenstation – einen sicheren Hafen, den unsere Familien, unsere Freunde, wir selbst so nötig in dieser Welt haben. Irgendwann ist Endstation. An unserem Sehnsuchtsort.

Rigatoni mit Auberginen-Tomaten-Soße

(für 4 Personen)

Ich bin kein Freund von Veränderung. Und wenn sich viel in meinem Leben ändert, dann greife ich gerne auf Vertrautes zurück. So wie auf mein Standard-Nudelgericht, das wir alle lieben und das uns Trost schenkt, wenn das Leben mal aus den Fugen gerät.

Zutaten

- 250 g Rigatoni
- 1 Aubergine
- 2 EL Olivenöl
- 2 Zehen Knoblauch
- 1 kleine Zwiebel
- 2 Dosen gehackte Tomaten
- 1 Schuss Rotwein
- 1 EL Zucker
- ½ Becher Sahne
- 1 EL Kräuter der Provence
- Salz & Pfeffer
- Parmesan

Die Rigatoni nach Packungsanweisung zubereiten.

Eine fein gehackte Zwiebel bei mittlerer Hitze anbraten, bis die Stückchen glasig sind. Die Aubergine in circa einen Zentimeter breite Würfel schneiden und zusammen mit dem sehr fein gehackten Knoblauch zu den Zwiebeln geben. So lange braten, bis die Aubergine richtig weich geworden ist. Dann den Zucker unterrühren und mit Rotwein ablöschen. Die Tomaten und Kräuter untermischen und 5 Minuten köcheln lassen. Sahne zugeben und mit Salz und Pfeffer abschmecken.

Vor dem Servieren mit Parmesan bestreuen.